记忆上大系列丛书

徐国明　洪佳惠　纪慧梅　编撰

档案里的上海大学
（1922—1994）

上海大学出版社
·上海·

图书在版编目(CIP)数据

档案里的上海大学：1922—1994 /徐国明等编撰.
—上海：上海大学出版社，2019.6
（记忆上大系列丛书）
ISBN 978-7-5671-3545-1

Ⅰ.①档… Ⅱ.①徐… Ⅲ.①上海大学—校史—1922—1994 Ⅳ.① G649.285.1

中国版本图书馆CIP数据核字（2019）第090866号

责任编辑　傅玉芳
装帧设计　柯国富
技术编辑　金　鑫　钱宇坤

档案里的上海大学
（1922—1994）

徐国明　洪佳惠　纪慧梅　编撰

上海大学出版社出版发行
（上海市上大路99号　邮政编码　200444）
（http://www.shupress.cn　发行热线　021-66135112）
出版人　戴骏豪

*

上海华业装潢印刷厂有限公司印刷　各地新华书店经销
开本　787mm×960mm 1/16　印张 11.5　字数 230千字
2019年6月第1版　2019年6月第1次印刷
ISBN 978-7-5671-3545-1/G·2960　定价：68.00元

目　录

1	前言
3	编撰说明
1	新上海大学成立
11	溯源上大
12	国共合作　青云发轫
16	弄堂大学　几易校址
21	北有北大　南有上大
25	武有黄埔　文有上大
28	红色学府　名噪一时
41	不懈努力　追认学历
45	立足上海
46	上海工业大学 (1960—1994)
76	上海科学技术大学 (1958—1994)
110	上海大学 (1983—1994)
145	上海科技高等专科学校 (1959—1994)
163	附: 上海大学沿革图
167	后记

档案里的上海大学（1922—1994）

前　言

记忆是人脑对经验过的事物的识记、保持、再现或再认知。因特定关系结合在一起的人群对共同事物的记忆就是一种社会记忆。大学作为人类文明传递的知识组织，有着深厚的精神文化内涵，是社会记忆的一个重要组成部分，需要对其进行守护。

每一所大学都有自己独特的记忆，校园里的校舍大楼、树木草坪、人文景观等呈现了大学记忆的物质现实，而其发展历程中形成的文化气质、历史品格则构成了大学记忆的精神内涵，再加上办学过程中的重大事件、大师风采、人才培养、科学研究、社会服务活动内容以及渗透进师生校友精神肌理的文化传承，都可作为具体的表现。"大学不是一个空洞的概念，而是一个知识共同体，一个有血有肉、有学问、有精神的人物组成的知识共同体"[①]。

档案是社会记忆构建的载体，是历史的承载。当景物不存、物是人非、记忆淡漠之后，大学记忆只能依靠档案的原始记录才能串联起我们对大学的怀恋！

现在的上海大学是上海市属、国家"211工程"重点建设的综合性大学，是教育部与上海市人民政府共建高校、国防科技工业局与上海市人民政府共建高校、上海市首批高水平地方高校建设试点、教育部一流学科建设高校。

上海大学，是拥有悠久传统和红色基因的大学，是走过峥嵘岁月和光辉历史的大学。她的诞生、成长、发展和壮大，始终与国家和民族以及我们所在的城市同呼吸、共命运、心连心[②]。1922年10月，国共合作创办了上海大学，校长为于右任，教务长为瞿秋白，总务长为邓中夏。这是一所被誉为"北有北大，南有上大"、"武有黄埔，文有上大"的革命学校，为中华民族复兴事业培养了大批英才，1927年5月被强行关闭。虽然办学时间不长，但在中国现代教育史和革命史上留下了不可磨灭的篇章，其精神传统是我们要继承的。1994年5月27日，在纪念上海解放45周年的特殊日子里，由上海工业大学（成立于1960年）、上海科学技术大学（成立于1958年）、上海大学（成立于1983年）、上海科技高等专科学校（成立于1959年）合并组建为新的上海大学。这是国家教委优化上海市高等教育布局结构的重大举措，在中国高等教育界产生了极大反响。

本书从档案中挖掘历史，用倒叙的方法、以图文的形式展现上海大学1994年5月前的发展轨迹、重大事件和杰出人物，展示不同时期上大人不懈努力奋斗的精神面貌。第一部分讲述新上海大学的成立。第二部分"溯源上大"主要讲述上海大学（1922—1927）的办学历史。第三部分"立足上海"主要讲述合并组建为新上海大学的四所学校的办学历史。这四所学校都是为上海地方经济、社会发展服务和适应高等教育改革的迫切需要而成立，为国家和上海培养了大批科研和应用型人才。

"溯源上大"追寻的是上大精神之源，"立足上海"回顾的是上大发展之基。无论是精神的源头，还是发展的基石，在档案中留下的"印痕"是最真实、最直接的，但其照映出的不仅仅是一所学校的历史和发展变化，更是一个国家、乃至一个时代的风云变幻。我们身处如此祥和、宁静的时代和国家，记得学校的历史"初心"，便是要牢记"上大人"身负的重任，不断砥砺前行。

谨以此书奉献给广大师生校友和社会各界人士，希望大家能从中受到教益、得到启发，进而了解上大、热爱上大。

上海大学档案馆
2019年5月8日

---

① 陈平原.大学排名、大学精神与大学故事[J].教育学报，2005(1).
② 金东寒.牢记使命　自强不息　追求卓越　努力建设世界一流、特色鲜明的高水平大学——在中国共产党上海大学第三次代表大会上的报告[R].2018-06-29.

编撰说明

一、本书档案资料主要来源于上海大学档案馆馆藏，也对来源于中国第二历史档案馆、上海市档案馆、中国共产党第一次全国代表大会会址纪念馆和中国台湾中国国民党中央委员会文化传播委员会党史馆、"国史馆"以及个人捐赠的史料实物和来源于《申报》、《民国日报》等报刊的史料进行了复制。

二、本书的编撰参考了上海大学出版社出版的《20世纪20年代的上海大学》、《上海大学史话》（曾文彪编著）、《上海大学志（1994—2004）》和内部资料《上海工业大学志（1960—1994）》、《上海科学技术大学志（1958—1994）》、《上海大学志（1983—1994）》、《上海科技高等专科学校志（1959—1994）》、《世纪空间——上海市美术专科学校校史（1959—1983）》等。

三、关于本书几个学校名称的提法：上海大学（1922—1927），另称"老上海大学"，简称"老上大"；上海科学技术大学（1958—1994），另称"上海科技大学"，简称"科大"；上海科技高等专科学校（1959—1994），另称"上海科技专科学校"，简称"科专"；上海工业大学（1960—1994），简称"工大"；上海大学（1983—1994），另称"原上海大学"，简称"原上大"；上海大学（1994年至今），另称"新上海大学"，简称"新上大"。

四、合并组建为新上海大学的四所学校按国家教育委员会1994年4月25日《关于同意上海市四所高校合并建立上海大学的通知》批文（教计[1994]110号）顺序排列，即上海工业大学、上海科学技术大学、上海大学和上海科技高等专科学校。

新上海大学成立

　　1994年,为优化上海市高等教育布局结构、提高办学效益和教学质量、适应上海市经济建设和社会发展的需要,上海市人民政府决定将上海工业大学、上海科学技术大学、上海大学和上海科技高等专科学校四校合并,组建新的上海大学。1994年4月22日,中共上海市委同意,钱伟长任上海大学校长,并决定建立中共上海大学委员会,吴程里任党委书记。4月25日,国家教育委员会批文(教计[1994]110号),同意上海市人民政府关于上述决定的申请(沪府函[1994]12号)。5月16日,上海市人民政府发文(沪府任[1994]22号)任命上海大学行政领导班子成员。

关于同意上海市四所高校合并建立上海大学的通知（1994年4月25日）

上海市人民政府关于钱伟长等同志任职的通知（1994年5月16日）

新上海大学成立

　　1994年5月27日,上海大学成立大会在上海展览中心友谊会堂举行。作为上海市人民代表大会、政治协商会议和政府工作会议的举办场所,上海展览中心见证了上海众多重要事件的发生,新上大的成立也是其中之一。中共中央总书记、国家主席江泽民题写校名,国务院总理李鹏题词祝贺,市长黄菊出席大会并揭牌,副市长谢丽娟宣读国家教委批文,市委副书记陈至立代表市委、市政府讲话,市人大常委会主任陈铁迪、副市长徐匡迪等市领导出席大会。校长钱伟长、党委书记吴程里在大会上讲话。

上海展览中心友谊会堂前的广场上空悬挂着两只巨大的彩色气球,白底红字的条幅上写着"发挥综合优势,创建一流大学"和"庆祝新的上海大学成立"

上海大学成立大会在上海展览中心友谊会堂举行

上海大学成立大会议程

新上海大学成立

钱伟长与黄菊为上海大学揭牌

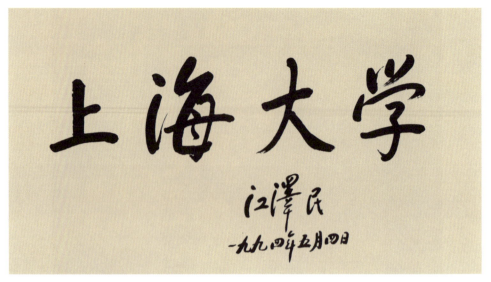

江泽民为上海大学题写校名

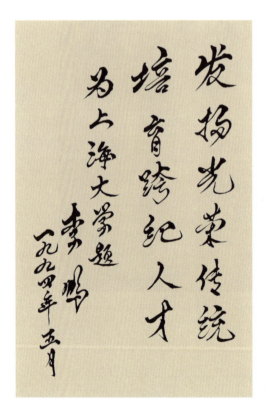

李鹏为上海大学题词

新上海大学成立

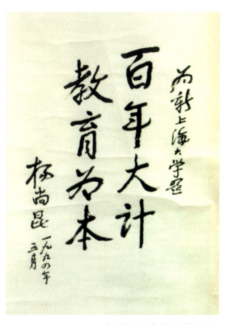

杨尚昆为上海大学题词

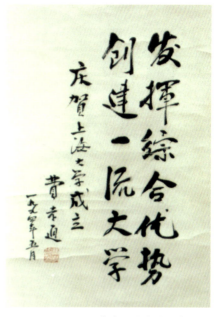

费孝通为上海大学题词

李岚清为上海大学题词

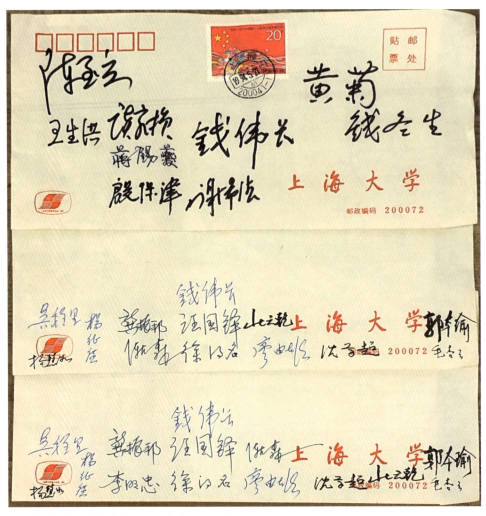

有市领导及校领导签字的上海大学成立纪念封

《光明日报》刊登《发挥综合优势　创办一流大学》的祝贺专版

钱伟长校长在上海大学成立大会上讲话

我们上海大学作为一所以"上海"——这样一座世界东方大都市和中国最大的经济中心城市的名字命名的大学,应该在这场跨世纪的伟大变革中作出我们应有的贡献。这是我们全体师生员工的崇高责任,也是我们的无上光荣。当今世界的大城市中,以城市的名字命名的大学有不少,其中也不乏佼佼者。我们上海大学的奋斗目标就是:经过若干年的努力,达到这些优秀大学的水平,与他们并驾齐驱!

——钱伟长校长在上海大学成立大会上的讲话

溯源上大

  1922年10月23日成立的上海大学,是在当时国民党和中国共产党酝酿合作的大革命背景下,由国民党人和共产党人合作创办的一所大学。国民党人于右任任校长,共产党人邓中夏任总务长、瞿秋白任教务长兼社会学系主任,还有不少中国共产党早期领导人和著名学者来校任职任教,为中国革命和建设培养了大批英才。1927年"四一二"反革命政变发生后,老上海大学被强行关闭。

国共合作　青云发轫

　　1922年10月10日，东南高等专科师范学校学生因不满校政腐败，遂掀起罢课风潮，要求改组学校。经国共两党共同努力，力邀于右任担任校长，改校名为上海大学。10月23日，由于右任、邵力子任正副校长的上海大学建立。中国共产党领导人陈独秀、李大钊推荐了一批共产党人到校任职任教，如邓中夏任总务长（又称校务长），主持学校行政事务，为学校起草了《上海大学章程》；瞿秋白任教务长，兼任社会学系主任；陈望道任中国文学系主任。

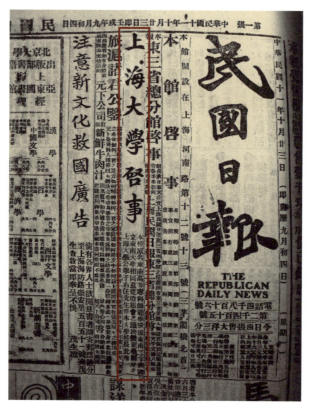

1922年10月23日，《民国日报》头版刊登上海大学成立消息

校长于右任（中国国民党元老）

副校长邵力子（上海共产主义小组成员、中国国民党元老）

总务长邓中夏（中国共产党工人运动领袖、中国共产党早期领导人）

教务长兼社会学系主任瞿秋白（中国共产党早期领导人）

中国文学系主任陈望道（中国第一篇《共产党宣言》中译本翻译者）

于右任校长题写校名

1923年12月5日，学校评议会通过《上海大学章程》，章程明确提出："本大学以养成建国人才，促进文化事业为宗旨。"

学科设置

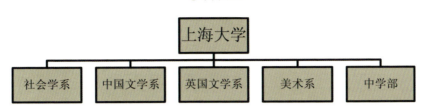

全体教职员合影（1924年6月）
前排左起：洪野(1)、陈抱一(2)、陈望道(3)、杨明轩(6)、刘大白(7)、于右任(8)、
　　　　　邵力子(10)、何世桢(13)、邓中夏(16)
中排左起：陈铁庵(3)、李瑞峰(5)、瞿秋白(8)
后排左起：许德良(1)、周建人(2)、沈雁冰(3)、田汉(7)、施存统(8)、韩觉民(9)、
　　　　　向浒(10)、翁吉云(11)、邱青钱(12)

中英两系丙寅级师生举行毕业礼，中坐长须者为校长于右任（1926年7月1日）

弄堂大学　几易校址

老上大存在的时间不长,从1922年到1927年总计不到五年,且由于时局动荡,曾几易校址,却在中国近现代史和中国高等教育史上留下了不可磨灭的一页。

1922年10月,老上海大学在闸北青岛路青云里(今静安区青云路上海市第六十中学内)成立

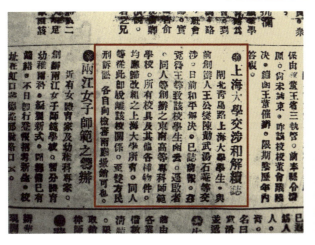

东南高等专科师范学校在青岛路上的所有教具及各种物件均归改组后的上海大学（"上海大学交涉和解续志"刊载于《民国日报》1923年1月23日）

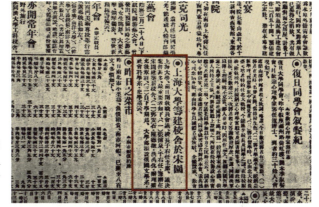

建校后，学校积极在宋园（今闸北公园附近）筹建新校舍（"上海大学筹建校舍于宋园"刊载于《申报》1923年4月24日）

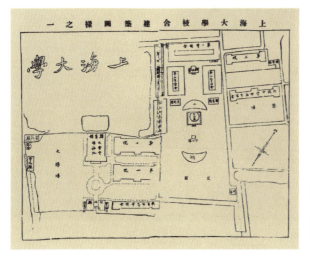

1923年8月12日，学校召开首次评议会，限定半年在宋园建成社会科学图书馆及学生宿舍，但该方案并未付诸实施

1924年2月,因原有校址较为狭隘,学校搬迁至公共租界西摩路132号(今陕西北路南阳路路口)

西摩路对面时应里的民房成为师生的宿舍

1925年9月,学校遭工部局解散,校方不得已借勤业女子师范学校(左,今上海老西门)办公,借闸北青云里师寿坊(右)、甄庆里、敦裕里作为师生宿舍

1927年5月,刚建成的江湾校址在"四一二"反革命政变后被强行关闭

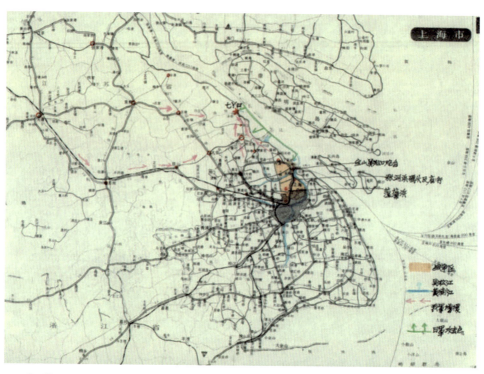

1932年1月28日，一·二八淞沪抗战爆发，日军入侵上海后，校舍被毁

北有北大　南有上大

1925年5月30日，震惊中外的"五卅运动"在上海爆发，并很快席卷全国。"五卅运动"是中国共产党领导下的群众性反帝爱国运动，它标志着大革命高潮的到来。"五卅运动"和"五四运动"并称为中国现代史上促进民族觉醒与思想觉醒的两大政治事件，上海大学的学生几乎都参加了这一震惊中外的反帝爱国运动。上海大学学生何秉彝在"五卅运动"中牺牲。上海一份美商经营的报纸《大陆报》其时载文称"北京大学和上海大学，是共产党活动的南北二大中心"，因而当时有"北有五四的北大，南有五卅的上大"的说法。"五卅运动"后，老上大遭帝国主义及反动势力查封。

"五卅运动"时期中共上海地委领导人之一刘锡吾曾回忆说："游行示威时，群众也把上大的队伍看成是党的队伍。上大的队伍未到，大家都要等上大的队伍；上大队伍的旗帜未竖起来，大家的旗帜都不竖起来，反之，上大的旗帜一竖，大家的旗帜都竖起来了。当时的全国学生会，也是以上海大学为旗帜的。"

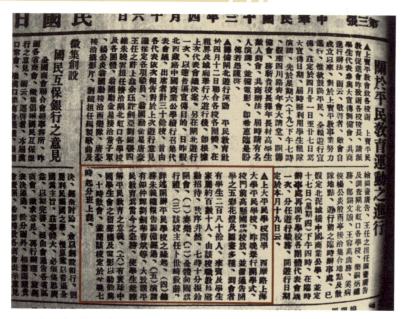

"五卅运动"前,老上大的党团组织已经展现出在组织和宣传方面的强大优势,上大师生积极开展启迪民众、组织工农活动,在上海开拓平民教育事业。1924年11月,平校按照章程改组委员会,公推学生杨之华(瞿秋白夫人)、刘一清、王秋心、李秉乾、薛卓江、朱义权、林钧、王杰三等人为委员,并推定林钧为主任。这一届委员几乎都是上大学生党员。在他们的领导下,平校逐渐成为共产党、青年团与工人群众联系的桥梁,成为工人或工会活动的据点("上大平民学校开学"刊载于《民国日报》1924年4月16日)

1925年5月30日,"五卅运动"在上海爆发,老上大的学生几乎都参加了这一震惊中外的反帝爱国运动

"五卅运动"中牺牲的社会学系学生何秉彝（左）

"五卅"死难烈士追悼大会举行，到会者逾二十万人（1925年6月31日）

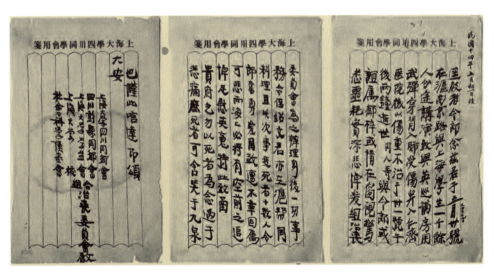

学校四川同乡会等致何秉彝（何念慈）家属的慰问信

老上大学生在"五卅运动"中印发的油印传单

《上大五卅特刊》第一期发行,于右任校长为其题写刊名(1925年6月15日)

武有黄埔　文有上大

　　1924年，在中国共产党和苏联的帮助下，国民党在广州黄埔创办了一所培养全新革命人才的学校——"中国国民党陆军军官学校"（即通常所称的黄埔军校）。黄埔军校创立之初，全国各地的国共两党精英纷纷汇集于此。"四一二"反革命政变前，在国共两党的共同努力下，黄埔军校迅速发展成为广东革命政府的中坚力量，为国民革命军及时输送了大批杰出的军事人才，为北伐战争的胜利做出了巨大的贡献。而早两年建立的老上大对黄埔军校的创建有着特殊贡献，黄埔军校成立之后，老上大代理校长邵力子在老上大为其秘密招收了第一期新生。为了响应革命的号召，老上大学生积极报考黄埔军校，如王逸常、徐石麟、袁恕之等，故在当时享有"武有黄埔、文有上大"的美誉。

中共中央从老上大抽调到黄埔军校任职任教的人员

邵力子	历任校长办公厅秘书长、政治部主任
恽代英	任黄埔本部总政治教官、武汉分校校务委员
阳翰笙	历任政治部秘书、中共黄埔军校入伍生部总支书记
萧楚女	担任政治教官
张秋人	担任政治教官
高语罕	担任政治教官
安体诚	担任政治教官

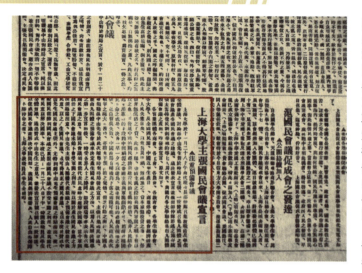

师生坚定拥护孙中山先生的新三民主义。1924年1月,在广州召开的中国国民党第一次全国代表大会通过的宣言重新阐释了三民主义,确定了联俄、联共、扶助农工的三大政策。1924年11月28日,学校召开教职员及学生全体会议,通过赞成孙中山先生之意见,并发表宣言号召国人一致拥护,以促成国民会议并解决中国问题("上海大学主张国民会议宣言"刊载于《民国日报》1924年12月3日)

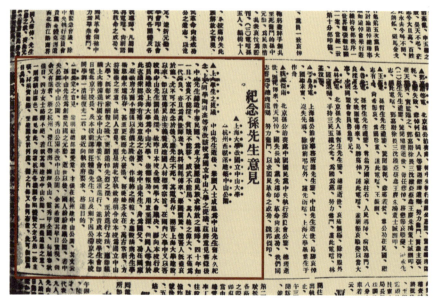

1925年3月12日,孙中山先生逝世。一周后,学生即召开全体大会,议决向广东国民政府请求将上大立为国立中山大学,特设三民主义讲座,并增设与三民主义有关之政治、经济、教育等三系,以垂孙中山先生永久之纪念。虽然此议决最终未获批准,但突显了上大革命师生的鲜明态度("纪念孙先生意见——上海大学改国立中山大学"刊载于《民国日报》1925年3月18日)

1926年10月,上海区委领导上海工人举行第一次武装起义,配合北伐军进军。老上大学生龙大道担任闸北区起义总指挥。许多师生在市区和近郊积极宣传,杨尚昆等中共党员、青年团员被分派到各区工人纠察队进行秘密军事训练。余泽鸿、何洛、张书德通过学联工作,帮助大中学校组织学生军。1927年2月,中共上海区委领导上海工人举行第二次武装起义,学校成立学生委员会,余泽鸿任主任,刘荣简、刘尊一(女)等为委员,动员学生配合工人武装起义。为筹备上海工人第三次武装起义战斗及起义胜利后的新政权,1927年3月6日,学生王稼祥撰写《关于上海市民代表会议之组织法及其职任拟案》,由中共上海区委发布。妇委杨之华等召开三八妇女节大会,组织发动妇女。师生参加闸北、南市、沪东、沪西四个地区起义战斗,与奉鲁军激战。上海工人第三次武装起义终于取得胜利。3月22日,上海特别市临时政府成立。侯绍裘、林钧、何洛被选为政府委员,林钧任秘书长。

师生在上海工人三次武装起义中组织行动委员会,同工人并肩战斗

红色学府 名噪一时

当时,上海大学是中国共产党在上海地区最重要的活动场所和培养干部的基地,也是当时马克思主义学说和社会主义理论在中国的重要发源地,是上海最早设有社会学系的大学。在瞿秋白的主持下,社会学系开设了一系列传播马克思主义学说和社会主义理论的课程。在社会学系任教的不乏中国共产党的著名领导人、理论家和宣传家。学校将课程讲义印发出版、开办平民学校,向全社会传播马克思主义学说和社会主义理论,一大批上大师生为民族复兴事业而献身。"四一二"反革命政变发生后,校舍被国民党军警查封。

蔡和森在社会学系讲学的讲义《社会进化史》,由民智书局出版

学校开设的名人讲座（部分）

演讲人	日期	演讲内容
张溥泉	1923年4月1日	个人与社会
李大钊	1923年4月15日	演化与进步
汪精卫	1923年4月29日	集权与分治
马君武	1923年5月13日	国民生计政策
叶楚伧	1923年7月17—22日	中国小说学
汤宗威	1923年7月17—22日	法制概要
何世桢	1923年7月23—27日	全民政治
邵力子	1923年7月28—30日	中华民国宪法史
乐嗣炳	1923年8月15—17日	注音字母
谢六逸	1923年8月17—18日	新文学概要
江亿平	1923年8月18日	中国法庭的组织情形和上海英美法租界会审公堂之内容
沈雁冰	1923年8月19日	现代文学
马君武	1923年10月21日	赫凯尔一元哲学
李大钊	1923年11月9日	史学概论
胡适之	1923年11月9日	科学与人生观
王道源　王国源	1923年11月9日	日本美术界之状况、艺术的文明
高冠吾	1923年11月9日	新家庭之组织
章太炎	1923年12月2日	中国语音统系
施存统	1924年12月14日	国民会议
杨杏佛	1925年4月18日	从社会方面观察中国政治之前途
恽代英	1925年4月21—28日	中国民生问题
华　德	1925年5月11—13日	社会科学及社会问题
唐鸣时	1926年7月26日	维持公共秩序

学校使用的教材：瞿秋白著《现代社会学》，1924年3月发行；瞿秋白著《社会科学讲义》1924年3月发行；蔡和森著《社会进化史》，1926年6月发行；施存统著《劳动运动史》，1927年发行

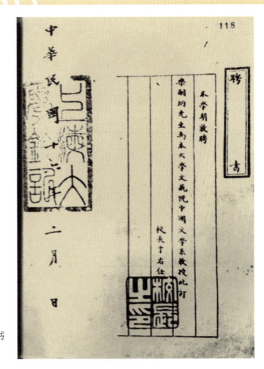

乐嗣炳受聘为中国文学系教授的聘书
（1927年2月）

教师名单（部分）

任教科系	姓　名				
中国文学系	陈望道　俞平伯　曾　杰	邵力子　胡朴安　冯子恭	叶楚伧　沈雁冰　火贲达	刘大白　傅东华	田　汉　瞿秋白
英国文学系	何世桢	何世枚	董承道	孙邦藻	冯子恭　邵诗舟
社会学系	瞿秋白　周颂西	施存统　曾　杰	蔡和森　火贲达	安体诚　冯子恭	周建人　何世桢
大学部选科		郭任远	卜达礼	吴志青	
美术科	洪　野　傅彦长	陈抱一　钱病鹤	李超士　何明斋	吴梦非　俞铸成	仲子通　陈望道
英数高等补习科		毛　飞　郭颂余			
中学部	李未农　赵振甫	张石樵　邓中夏	周刚直　俞铸成	韩觉民　仲子通	毛　飞　洪　野　阮永钊

老上大教师(部分)

韩觉民(生卒年不详)

叶楚伧(1887—1946)

何世桢(1895—1972)

洪野(约1886—1932)

张君谋(1894—1958)

周越然(1885—1946)

施存统(1899—1970)

彭述之(1895—1983)

侯绍裘(1896—1927)

田汉(1898—1968)

沈雁冰(1896—1981)

蔡和森(1895—1931)

张太雷(1898—1927)

俞平伯(1900—1990)

为民族复兴事业献身的英烈名单（部分）

姓名	在上大的身份	牺牲年月	年龄	牺牲地	牺牲原因
黄 仁	社会学系学生	1924.10	20	上海天后宫	国民党右派杀害
何秉彝	社会学系学生	1925.5	23	上海南京路	帝国主义巡捕枪杀
刘 华	附中学生	1925.12	26	上海	军阀孙传芳部杀害
周水平	附中体育教师	1926.1	32	江苏江阴	军阀孙传芳部杀害
萧朴生	社会学系教师	1926.10	29	上海	病逝
贺威圣	社会学系学生	1926.11	24	浙江杭州	军阀孙传芳部杀害
周 泽	社会学系学生	1927	（不详）	（不详）	（不详）
侯绍裘	附中主任	1927.4	31	江苏南京	国民党当局杀害
安体诚	社会学系教师	1927.4	31	上海龙华	国民党当局杀害
萧楚女	社会学系教师	1927.4	36	广东广州	国民党当局杀害
何 洛	社会学系学生	1927.4	（不详）	上海	国民党当局杀害
糜文浩	社会学系学生	1927.5	26	上海龙华	国民党当局杀害
李清漪	社会学系学生	1927.5	25	山东济南	国民党当局杀害
郭伯和	中国文学系学生	1927.7	27	上海龙华	国民党当局杀害
刘含初	校（总）务长	1927.8	32	陕西宜君	陕北军阀杀害
龚际飞	社会学系学生	1927.10	24	湖南长沙	国民党当局杀害
张太雷	社会学系教师	1927.12	29	广东广州	广州起义战斗中牺牲
李汉俊	社会学系教师	1927.12	37	湖北武汉	桂系军阀杀害
王环心	中国文学系学生	1927.12	26	江西南昌	国民党当局杀害
张秋人	大学部英文教师	1928.1	30	浙江杭州	国民党当局杀害

（续表）

姓名	在上大的身份	牺牲年月	年龄	牺牲地	牺牲原因
于忠迪	社会学系学生	1928.2	25	湖北汉口	国民党当局杀害
曾延生	社会学系学生	1928.4	41	江西赣州	国民党当局杀害
王绍虞	社会学系学生	1928.4	31	安徽安庆	国民党当局杀害
沙文裘	社会学系学生	1928.8	（不详）	广东广州	国民党当局杀害
季步高	社会学系学生	1928.8	22	广东广州	国民党当局杀害
曹蕴真	社会学系学生	1928.10	26	安徽寿县	病逝
俞昌准	社会学系学生	1928.11	19	安徽怀宁	国民党当局杀害
何挺颖	社会学系学生	1929.1	24	江西井冈山	保卫战中负重伤而亡
瞿景白	社会学系学生	1929.10	23	苏联莫斯科	错误路线迫害致死
姜余麟	社会学系学生	1931	26	苏联	飞机失事遇难
龙大道	社会学系学生	1931.2	30	上海龙华	国民党当局杀害
罗石冰	社会学系学生	1931.2	35	上海龙华	国民党当局杀害
恽代英	社会学系教师	1931.4	36	江苏南京	国民党当局杀害
王步文	社会学系学生	1931.4	33	安徽安庆	国民党当局杀害
刘晓浦	社会学系学生	1931.4	28	山东济南	国民党当局杀害
刘一梦	社会学系学生	1931.4	26	山东济南	国民党当局杀害
杨贤江	社会学系教师	1931.8	36	日本长崎	病逝
蒋光慈	社会学系教师	1931.8	30	上海	病逝
蔡和森	社会学系教师	1931.9	36	广东广州	广东军阀杀害
李硕勋	社会学系学生	1931.9	28	广东海口	国民党当局杀害
薛卓汉	社会学系学生	1931.10	33	安徽寿县	被张国焘迫害致死
方运帜	社会学系学生	1932.12	26	川陕途中	被张国焘迫害致死
沈方中	学生	1932.12	32	江苏南京	病逝于国民党当局监狱
吴祥宝	附中学生	1933.4	（不详）	（不详）	（不详）
邓中夏	校（总）务长	1933.9	39	江苏南京	国民党当局杀害
沈泽民	社会学系教师	1933.11	31	湖北黄安	病逝
顾作霖	附中学生	1934.1	26	江西瑞金	病逝
贺 昌	社会学系学生	1935.3	29	江西会昌	对敌斗争中牺牲
瞿秋白	教务长	1935.6	36	福建长汀	国民党当局杀害
余泽鸿	社会学系学生	1935.12	32	四川江安	对敌斗争中牺牲
张崇德	英文系学生	1937	（不详）	（不详）	（不详）
董亦湘	社会学系教师	1939.5	43	苏联莫斯科	迫害致死
崔小立	社会学系学生	1941.6-7	（不详）	浙江	对敌斗争中牺牲
徐梦周	社会学系学生	1944	40	陕西	车祸遇难
林 钧	社会学系学生	1944.5	（不详）	浙江	国民党当局杀害
秦邦宪	社会学系学生	1946.4	39	山西兴县	飞机失事遇难
关向应	社会学系学生	1946.7	44	陕西延安	病逝

姓名	在上大的身份	牺牲年月	年龄	牺牲地	牺牲原因
王文明	社会学系学生	1894.11	36	海南母瑞山	病逝

新中国成立后在各级党政军部门担任重要职务的老上大校友（部分）

姓名	在上海大学的工作、学习情况	新中国成立后担任的职务
任弼时	1924年到上大任教，讲授俄文和马克思主义理论	中共中央书记处书记、共青团中央名誉主席
沈雁冰（茅盾）	1923年5月到上大任教，讲授欧洲文学史、小说以及西洋文学概论，并在英文系兼课	文化部部长、全国政协副主席
陈望道	1923年到上大任教，担任中国文学系主任，1925年5月邵力子离校后，任代理校长兼任校务长，并在中国文学系讲授文法及修辞学、在美术系讲授美学	民盟中央副主席、复旦大学校长
周建人（鲁迅胞弟）	1924年到上大任教，讲授达尔文进化论	浙江省省长
郑振铎	在上大中国文学系任教，讲授文学概论	文化部副部长
王一知（张太雷夫人）	1923年下半年进入上大求学，边读书边从事革命工作	上海吴淞中学校长、华北中学校长、北师大二附中校长、北京101中学校长
王稼祥	1925年9月进入上大附中求学	首任驻苏联大使、外交部副部长
匡亚明	曾就读于上大	华东政治研究院党委书记兼院长、中共华东局宣传部党委副部长、东北人民大学（吉林大学前身）常务书记兼校长、南京大学校长
阳翰笙	1924年进入上大求学	国务院总理办公厅副主任、中国文联党组书记等职
杨之华（瞿秋白夫人）	1923年进入上大求学	全国妇联副主席
杨尚昆	1925年进入上大学习	1988年当选为中华人民共和国主席

（续表）

姓名	在上海大学的工作、学习情况	新中国成立后担任的职务
李伯钊（杨尚昆夫人）	1925年进入上大学习	中央戏剧学院副院长、中国戏剧家协会副主席
李逸民	1924年进入上大求学，1926年入黄埔军校学习	解放军总政治部文化部部长，1955年被授予少将军衔
李春蕃（柯柏年）	1923年进入上大求学	中国驻罗马尼亚共和国大使、驻丹麦王国大使
沈志远（沈观澜）	曾就读于上大	民盟上海市主委、上海市政协副主席，1955年当选为中国科学院哲学科学部学部委员
严信民	曾就读于上大	中央民族学院副院长、农工党中央副主席
张治中	1922年冬至次年春，在上大学习俄语	全国人大副委员长、国防委员会副主席
张琴秋	1924年进入上大求学	纺织工业部副部长
张崇文	曾就读于上大	解放军铁道兵政治部副主任，1955年被授予少将军衔
林淡秋	1922年进入上大求学	杭州大学副校长、中共浙江省委宣传部副部长、浙江省文联党组书记等职
蔡尚实	1926年进入上大求学	同济大学党委书记兼校长
刘披云（刘荣简）	1925年进入上大求学	云南省副省长
赵君陶（赵世炎的妹妹、李硕勋的夫人）	1925年进入上大求学	北京化工学院副院长
周文在	1925年进入上大求学，1926年入黄埔军校学习	江苏省政协副主席，1955年被授予少将军衔
胡允恭	1923年进入上大求学	福建师范学院院长

老上大学生（部分）

李硕勋（1903—1931）

刘华（1899—1925）

阳翰笙（1902—1993）

戴望舒（1905—1950）

秦邦宪（博古）（1907—1946）

何秉彝（1902—1925）

贺威圣(1902—1926)

顾作霖(1908—1934)

丁玲(1904—1986)

杨尚昆(1907—1998)

李伯钊(1911—1985)

赵君陶(1903—1985)

1927年4月12日,为反对"四一二"反革命政变,老上大师生参加青云路广场集会和游行示威,要求交还工人纠察队枪械。4月13日,师生再次参加上海总工会召开的10万群众大会,控诉反动派屠杀总工会委员长汪寿华及革命者的罪行。会后,群众冒雨游行示威抗议,当游行队伍行至宝山路时,反动派开枪屠杀徒手群众,工人、学生牺牲百余人,伤者数百人,老上大学生也有多人伤亡

不懈努力　追认学历

1927年"四一二"反革命政变后,老上大遭国民党军警查封并取缔。由于国民政府教育部不承认老上大学生的学籍,致使近两千名学生在就业、升学、晋级等方面受到不公平待遇。于右任校长为争取学生的大学学籍资格,与国民党当局一再交涉、反复斡旋,终于至1936年3月教育部追认老上大学生学籍,并承认与国立大学享有同等待遇。

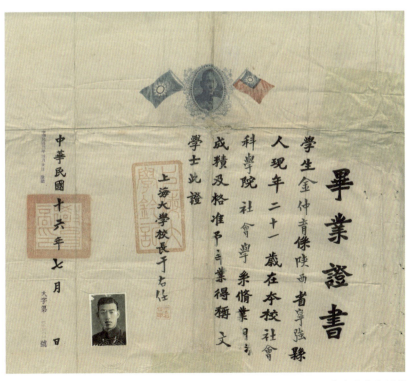

老上大毕业证书

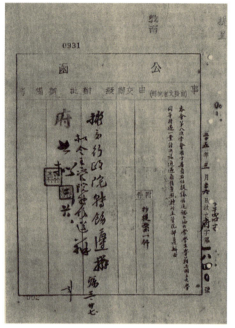
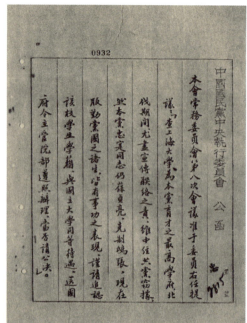
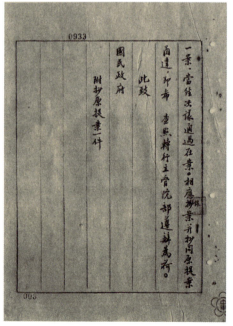
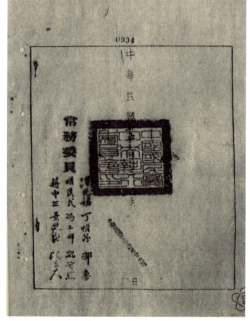

老上大学历获得承认的公文

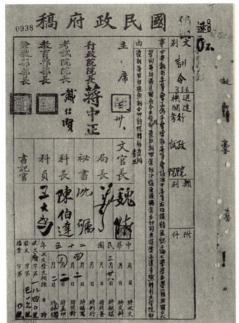
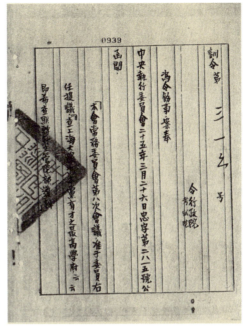
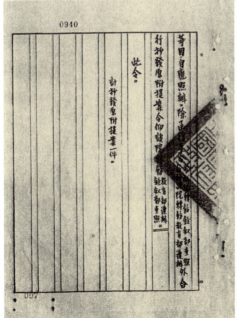
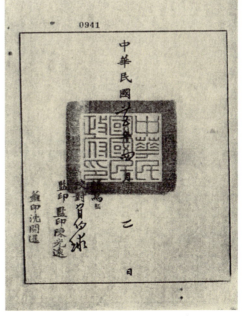

老上大学历获得承认的公文

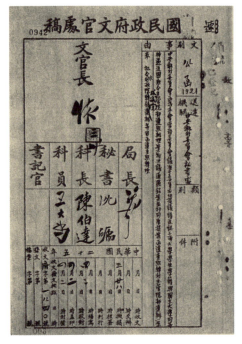
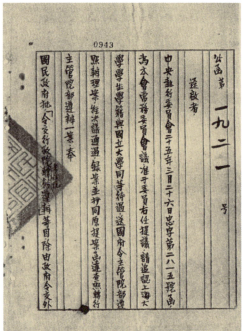

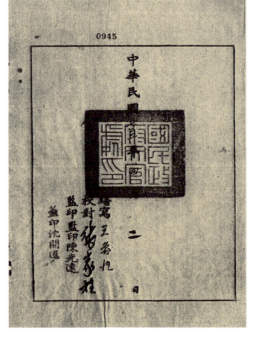

老上海大学历获得承认的公文

立足上海

上海工业大学（成立于1960年）、上海科学技术大学（成立于1958年）、上海大学（成立于1983年）和上海科技高等专科学校（成立于1959年）四所学校于1994年5月合并组建为新上海大学。这四所学校都是为上海地方经济、社会发展服务和适应高等教育改革的迫切需要而成立的，为国家和上海培养了大批科研和应用型人才。

上海工业大学（1960—1994）

1960年6月,中共上海市委、上海市政府根据形势发展的需要,决定创办一所地方性的工业大学,为上海培养工业方面的高端技术人才,包括工业师资人才,创立上海工学院。1972年,上海工学院与上海机械学院合并,成为新的上海机械学院。1979年1月,经国务院批准,恢复上海工学院建制,改名为上海工业大学。上海工业大学于1994年5月合并入新组建的上海大学。

上海工学院成立大会暨第一届开学典礼上教师代表朱家骏发言（1960年9月）

请予刻制铜制印章一枚的请示及批复（1960年）

机密　　　　沪委（79）批字第262号

中共上海市委员会（批复）

关于杨慧洁同志等十二位同志任职的批复

市委组织部：

市委同意：

杨慧洁同志兼任上海工业大学校长；

张　华同志任上海工业大学党委书记、付校长；

艾维起同志任上海工业大学付校长；

苏　宁同志任上海工业大学党委付书记、付校长；

朱晓初同志任上海工业大学党委付书记；

鲁巧英同志任上海工业大学党委付书记；

宋兰舟同志任上海工业大学党委委员、付校长；

李中臣同志任上海工业大学党委委员；

雷凤桐同志任上海工业大学党委委员；

龚应荣同志任上海工业大学党委委员；

曹世寿同志任上海工业大学党委委员；

—1—

张鲁伯同志任上海工业大学顾问。

特此批复。

中共上海市委员会

一九七九年四月廿四日

中共上海市委发文批复学校首届领导班子组成（1979年4月）

中共上海工业大学委员会

关于要求成立"上海工业大学
校务委员会"的请示报告

上工委80第40号

上海市教育卫生办公室并转中共上海市委员会：

我校是市属多科性的工科大学，主要任务是为上海工业的发展培养合格人才和贡献科研成果。早使学校的发展能更好地适应上海工业建设的需要，进一步密切我校与上海工业战线的联系，取得各工业局特别是市经委、市科委的关心、支持与指导显得特别重要。

我们建议：成立"上海工业大学校务委员会"。由市经委、市科委领导任正、付主任，并请冶金局、机电一局、仪表局、轻工业局、手工业局、农机局等负责技术的付局长参加担任委员。我校拟定由张华、艾维超、苏宁、颜汝亨、雷风桐、袭应棠、葛宏泉、华鸿翔等同志参加。校务委员会一年开两次会。主要是审查、研究我校包括专业设置在内的事业发展规划，商讨和协调教学、科研、生产三结合中的重大问题，推动、组织厂校间科技人员的相互兼职、相互协作等事项。

上述报告与建议是否妥当，请审批。

中共上海工业大学委员会
一九八〇年十月八日

抄报：市经委、市科委、市高教局。

关于成立首届校务委员会的请示报告（1980年10月）

专业与学科设置

上海工学院创办时,学校的专业设置完全立足于上海工业支柱产业发展需要,设立了电机工程、机械工程、冶金工程、仪表工程等4个系和相关9个专业。30多年中,学校陆续对老专业进行改造,增设一批促进多学科相互渗透的新专业。到1993年全校已有24个专业。

从1981年至1991年,国务院学位委员会先后进行了四批学位授权点的申报和审批工作。学校共有18个学科专业被批准建立硕士学位授权点,3个学科专业批准建立博士学位授权点,1个学科被批准建立博士后流动站。

硕士、博士学科专业获批情况表

批次	审批时间	硕士学科专业	博士学科专业
第一批	1981.11	固体力学、电机、电磁测量技术及仪表、工业自动化、通信与电子系统、机械制造、机械学、铸造和应用化学	
第二批	1984.1	流体力学、钢铁冶金	固体力学
第三批	1986.7	应用数学、理论电工、计算机应用、电力传动及其自动化、金属材料、热处理和有色金属、冶金	
第四批	1990.12	管理工程	电力传动及其自动化、机械学

专业设置变迁表

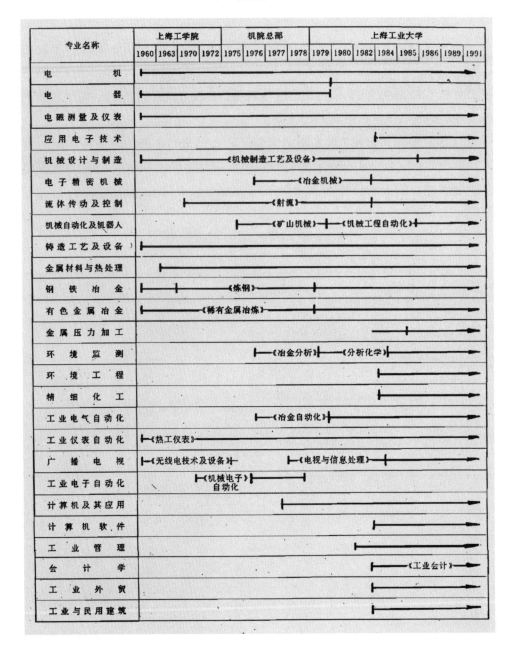

师资队伍

1960年筹建上海工学院时，正值"三年困难"时期，办学条件很差，最大的困难是师资缺乏。1961—1965年，由于教育事业的发展，教师人数和质量有所提高。1978年恢复高校职称评定工作后，学校教师中讲师的比重增加，整个师资队伍以青年教师占多数。1979年，全校有教师758人，其中教授3人、副教授13人、教员12人、讲师334人、助教137人、未定职称的教师259人。1985年，国家教委明确提出要改变大学生教大学生的现状，更多地吸收研究生来充实和加强师资队伍。

教学人员结构变化

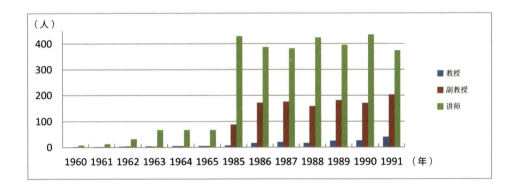

基础部全体教职员工庆祝首届教师节合影(1985年9月)

人才培养

  上海工业大学率先实行"学分制、选课制和短学期制"(简称"三制")。"三制"不仅在工大的历史上是第一次,在全国高校也是首先推行的。"三制"首先由钱伟长在1984年9月的一次全校干部会议上提出,1985年9月新学年付诸实行,先从新生开始,后逐步推行到各个年级。1986年3月徐匡迪任常务副校长时,主抓学校的教学,对"三制"的细化、优化和深化做了大量的工作。工大经过多年的探索,1993年8月颁布了"关于全面实施学分制的规定(试行)",对学期安排、学分计算、成绩考核与绩点、教学计划、课程设置与分类、课程选修、学籍管理、学制互通等方面做出了详细规定,表明学校在"三

立足上海

关于全面实施学分制的通知(1993年8月)

师生学习讨论

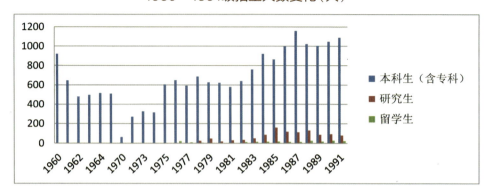

1960—1991级招生人数变化（人）

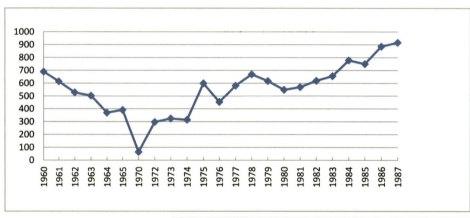

1960—1987级毕业人数变化（人）

首届学生（部分）在校门口合影（1964年）

第一届学生毕业证书（1965年7月）

研究生参加毕业论文答辩

机制741班全体师生毕业留念（1977年8月）

1980级研究生毕业合影留念（1982年10月）

制"教学方面日臻完善。

科学研究与技术开发

学校的年度科研经费，在60年代只有数万元，70年代前半期徘徊在20万元左右，70年代后半期呈上升势头，从1980年开始急剧上升，到1991年增长超过10倍。80年代中期的1986、1987年科研经费曾一度下降。到1988年，科研经费有了较大的回升和增长，到达530万元。这一年有较多科研成果，上海市科技进步奖获奖数在上海高校中名列前茅。1989年，科研经费增加到956万元，据国家教育委员会科技司年度统计，名列全国高校第30位。1990年科技经费为1 006万元，成为上海科技经费超过1 000万元的五所高校之一。1991年科研经费为984万元。从1965年1.5万元科研拨款至1991年，科研

1965—1994年科研经费一览表（万元）

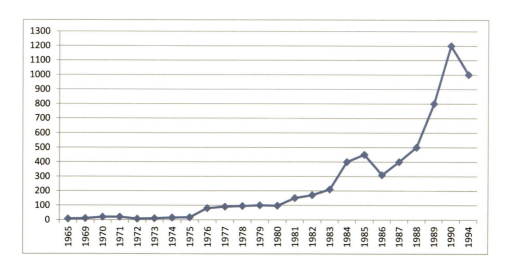

经费增长了656倍。

1977—1993年，共有174项科研成果获奖，其中国家自然科学奖1项、国家发明奖4项、国家科技进步奖6项、国家教委科技进步奖11项、省和部委科技进步奖23项、上海市科技术进步奖118项，还有3项国际发明奖。

国家级重大科研成果和项目列表

项目名称	奖项名称	年度	等级	主要研究人员	研究单位
共轭曲面基础原理	国家自然科学奖	1987	三等奖	陈志新	机械系
绘图曲线规	国家发明奖	1979	四等奖	杨秉烈	绘图规研究室
S76渣油粘结剂	国家发明奖	1985	三等奖	胡彭生	机械系
流控式眼玻璃体切割器	国家发明奖	1987	三等奖	俞道义 陈银庆 俞丽和 华正清 丁仁根 姜节凯	杭钢职工医院、工大机械系
液压油用磷氮型无灰抗磨剂制备工艺	国家发明奖	1988	四等奖	陶德华	机械系
直线异步电机	国家科技进步奖	1985	二等奖	江建中 蔡廷锡 艾维超 胡之光 屠关镇	电机系
低温电解渗硫技术	国家科技进步奖	1985	三等奖	余忠荪 张云倩 张万宪 李润宝 肖玉堂	冶金系、邵阳液压件厂
电容式节能吊扇电机优化设计	国家科技进步奖	1987	三等奖	黄永家 杨家琪 林丁生 胡之光	电机系
石油机械难加工关键件的切削加工技术	国家科技进步奖	1987	三等奖	周家宝	机械系
地质力学地应力测量技术及应用	国家科技进步奖	1987	三等奖	王连捷 潘力审 廖椿庭 丁原辰 区明益	地矿部地质力学研究所
GA-121型整经机	国家科技进步奖	1991	三等奖	蒋洪瑶	江苏射阳纺织机厂、工大自动化系

立足上海

徐匡迪(左2)介绍学校的教学与科研情况

SZV-1双数字阻抗电阻测试仪技术鉴定会代表合影(1985年3月30日)

国际交流与合作

学校对外学术交流的发展历史,大致可以分为三个阶段。

1965—1978年为第一阶段:对外学术交流活动刚刚起步,主要是根据上海市有关部门的安排,接待外宾的来访。

1979—1982年为第二阶段:除了接待外宾来访外,学校还主动邀请少数境外专家来校讲学考察,同时也派出人员出国讲学、访问,或参加一些国际学术会议。总的来说人数较少,规模较小。

1983—1994年为第三阶段:钱伟长出任工大校长,对外学术交流工作取得大力进展。

自1984年开始至1993年,学校先后与一些国家和地区的大学签订了校际(或系际)合作协议,内容包括互派学者进行学术交流、交换刊物资料、合作科研、共同培养研究生等。

与国外大学建立校际(或系际)合作关系一览表

签订协议大学所在国家	签订协议大学名称	签订协议年月
美国	罗彻斯特大学	1984年6月,1987年续签3年
英国	帝国理工学院冶金系	1984上11月有效期3年
美国	加州州立大学萨克罗门多分校商学院	1985年2月
加拿大	拉尔逊多科性技术学院	1985年10月
瑞士	联邦高级工业学院化工系	1985年12月
英国	斯旺西大学	1986年11月
荷兰	伊拉斯穆斯大学	1986年
德国	鲁尔大学结构工程研究所	1987年4月
加拿大	蒙特利尔大学工学院	1987年9月有效期5年,1991年4月续签有效期5年
挪威	托伦赫姆大学挪威工学院	1987年
英国	曼彻斯特理工学院	1988年
美国	伊利诺大学	1988年

国际合作科研一览表

课题名称	合作单位	参加人员	签约年月
公路技术经济分析研究	世界银行东亚及太平洋地区交通组	工管系教师	1983年6月
关于熔态还原法生产铁合金	瑞典皇家工学院	徐匡迪 蒋国昌	1984年5月
大型计算机结构分析通用程序	美国西北大学	刘遨临	1984年9月
冷却塔的研究	联邦德国鲁尔大学结构工程研究所空气动力研究室	卢文达	1985年12月
激光应率仪	英国曼彻斯特大学物理系	孙厚钧	1986年1月
加拿大技术展览会和技术贸易数据库	加拿大拉尔逊多科性技术学校		1986年11月
CNC机床数控系统	美国自动数控机床公司AN公司		1986年5月
横向磁场电机	联邦德国不伦瑞克工业大学	江建中	1988年8月
片状元件批装技术及设备研究	香港正好制品有限公司	夏新训 高志民等	1989年6月
电动设备的测试系统	联邦德国西柏林工业大学通用电子技术研究所	孙家琪	1989年8月
高功率密度多相方波变速电机的控制系统	香港大学国际电动汽车研究所	江建中 汪信尧	1990年1月
合作开发中文3270站软件项目	香港龙相科技有限公司	徐永晋	1991年
储氢合金的物化与催化性能研究	苏联哈萨克大学	周自强	1991年12月
水环境中硒元素存在形态和对人的影响	日本国岐阜大学	漆德瑶	1992年2月
金属间化合物中氢的扩散渗透溶解度以及硼与氢在金属间化合物中的交互作用	美国橡树岭国家实验室	万晓景	1992年10月
中国、欧洲高技术产业发展和管理的比较研究	荷兰erasmus大学	于英川	1993年5月

聘请外国专家（长期）一览

姓　名	国别	单位及职务	讲学内容	讲学时间
熊忍耐	美国	霍巴特和威廉史密斯学院副教授	英语	1984.9～1985.8 1986.9～1988.6
杨·雪赫列夫斯基偕夫人	波兰	基础技术研究所所长	博士研究生导师，夫人教俄语	1987.1～1988.5
奥古斯塔斯	美国	霍巴特学院毕业生	任研究生班及工业外贸专业英语	1984.9～1985.8
斯蒂芬·罗	美国	旧金山大学	英语	1987.12～1988.2
谢利女士 (Paula Shelley)	美国	美国加里福尼亚大学博士，毕业后在该校工作	研究生论文写作及本科生英语阅读写作课程	1988.9～1989.7
莉莎·埃伯特	美国	麻省友谊餐馆管理	外贸英语	1988.9～1989.6
戴振铎教授	美国	密执安大学教授	指导上海市电磁辐射研究所筹建工作，讲授天线学	1986.8
施密斯教授	美国		英语口语	1988.9～1989.8
司马帼	美国		英语	1988.9～1989.7
刘利士博士	美国	加州州立大学洛杉矶分校	英语	1988.9～1989.7
安德鲁·里奇教授	美国	路易斯安娜大学	讲授"外贸函电"	1988.9～1989.2
许淑芬女士	加拿大籍华人	1989年毕业于加拿大卡尔加里大学	英语	1990.9～1991.6
浜本进先生	日本	退休教师，曾在日本平户市立平户小学等校任教	培训赴日工作的青年教师	1991.5～1991.11
罗纳德·沃尔夫森	美国		英语	1991.9～1992.7

八五级外国留学生毕业留念
（1989年7月）

基础设施

1960年上海工学院成立时,选定当时的上海交通大学分部为学校校址,校舍面积仅50943平方米。从1960年到1965年先后建造了电机楼、机械楼、冶金楼及仪表楼,建筑面积1.6万平方米。从1979年开始,先后建造了第二教学大楼和第三教学大楼,建筑面积增加7 642平方米。1979年开始,建造6幢学生宿舍,共计建筑19 681平方米。1985年以后,学校先后建造了乐乎楼1 641平方米,莘远楼6 253平方米,在这期间学校还建造了文荟图书馆、体育馆、电话总机房和高12层、建筑面积达20 847平方米的教学实验办公综合大楼——行健楼。

"七五"期间,学校的基本建设进展顺利,完成"七五"包干投资1 566.25万元,国家教委投资200万元,追加投资207.1万元,校自筹投资448.21万元,共完成投资3 535.09万元,年平均投资707.01万元,竣工面积70 219平方米,年平均增长速度1.4万平方米,这在建校史上是空前的。

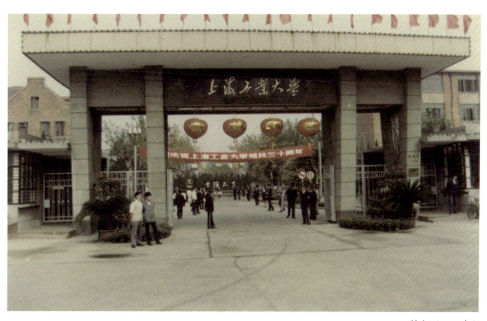

校门(1989年)

1982年学校在同济大学建筑设计院的帮助下，制订了校园发展规划，这个规划前后经过数十次修改，并于1982年6月邀请市有关局委办负责人一起讨论修改；1985年3月再次在实践的基础上作了修改，同年5月，以6 000名学生为规模的校舍规划正式上报市政府审批。

北大楼

南大楼

电机楼

机械楼

立 足 上 海

教学大楼

图书馆

风雨操场

学校特色：改革为先　自强不息

实行全员聘用合同制

1986年，学校开始实行"定岗、定编和专业技术职务聘任制"；1988年，实行校系两级"任务、工资总额包干"；1990年，对新进人员实行聘用合同制。1992年，学校决定实行"全员聘用合同制"，打破事业单位的"铁饭碗"，努力探索一条与社会人才市场接轨，有利于校内外人才交流的新路子。全员合同制是一项重大人事与分配制度的改革。

全员聘用、上岗聘任合同签约仪式

立 足 上 海

全员聘用、上岗聘任合同签约仪式隆重举行

招生制度改革

上海工业大学实行"面向社会、自主招生、择优录取"的招生办法。1993年5月,学校出台了新的招生规定,凡报考的学生经学校自行制定的标准择优录取后,可以不参加全国统一高考。《解放日报》《文汇报》《新民晚报》和上海电视台等上海主流新闻媒体同时报道了该消息,引起热烈反响,到工大招生咨询的人络绎不绝。

自主招生方法咨询会召开

立足上海

举行自主招生高中文化水平测试

来学校自主招生咨询会摊位前了解情况的考生和家长络绎不绝

首创学生宿舍管理新模式

学校在多年的探索中,取得了一批首创性的改革成果,社区管理就是其中之一。学校从以班为单元的管理转向以宿舍为单元的管理,这一举措,在上海乃至全国的高校中是首创,在实践中是富有成效的。

在社区成立的头两年中,前来学习参观的高校川流不息,得到了来访高校的一致好评,新华社内参也作了专门报道。

学生宿舍

全国高校第一个科技园区

1992年2月,经市科学技术委员会和市高教局批复,同意上海工大与上海市科技创业中心创建上海工业大学科技园区,成为全国高校中的第一个科技园区。1993年9月,国家科委批复,将上海工业大学科技园区列入"上海高新技术产业开发区",成为上海市继漕河泾、浦东张江之后的第三个上海高新技术产业开发区。

其中上海大学锆材料研究中心氧化锆系列技术和产品是上海市"八五"攻关项目和国家科委火炬计划项目,1992年入园孵化,先后荣获上海市科技进步三等奖、上海市优秀新产品一等奖、上海市工业产品赶超国际水平证书等,成为世界三大锆材料出口基地之一。

今为上海大学科技园区

校长钱伟长

钱伟长(1912.10.9—2010.7.30),江苏无锡人。我国近代力学奠基人之一,著名的科学家、教育家,杰出的社会活动家,中国民主同盟的卓越领导人,中国共产党的亲密朋友,中国人民政治协商会议第六、第七、第八、第九届全国委员会副主席,中国民主同盟第五、第六、第七届中央委员会副主席,第七、第八、第九届名誉主席,中国科学院资深院士。1982年,中共中央组织部及中共上海市委和上海市人民政府任命钱伟长为上海工业大学校长。1983年1月履任。在校党委和钱校长领导下,工大在20世纪八九十年代成为上海地方高校深化综合改革的一面旗帜。

钱伟长校长

立 足 上 海

中共中央组织部任命钱伟长为上海工业大学校长（1982年8月）

钱伟长校长视察电机系实验室并检查工作

钱伟长校长与学生亲切交谈

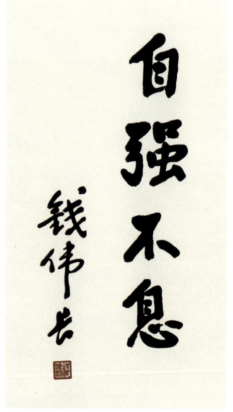

钱伟长校长题写校训"自强不息"

历任校党政主要负责人

上海工学院		
职　务	姓　名	任职年月
党委书记	李　华	1960.7—1963.2
	张敬人	1963.3—1966.12
院长	李　华	1960.7—1963.3
	张敬人	1963.3—1966.12

上海机械学院		
职务	姓　名	任职年月
党委书记	侯东升	1973.6—1978.2
核心小组组长	陈立富	1971.4—1973.5

上海工业大学		
职务	姓　名	任职年月
党委书记	张　华	1979.4—1986.5
	郑令德	1986.6—1992.7
	吴程里	1992.7—1994.4
校长	杨慧洁	1979.4—1982.8
	钱伟长	1983.1—1994.4
常务副校长	徐匡迪	1986.7—1990.2
	郑令德	1990.2—1992.7
	方明伦	1992.7—1994.4

上海科学技术大学（1958—1994）

上海科学技术大学成立于1958年5月19日，由中国科学院和上海市人民政府共同主办，实行"院校结合""所系结合"的办学模式，是一所以培养"高"（高级）、"精"（精密）、"尖"（尖端）科学技术人才为目标的新型大学。学校建立之初，在学校定位、师资配备、实验手段和专业设置等各个环节，都瞄准世界科学技术的尖端领域，专业涉及探空技术、原子能利用、无线电电子学、计算技术、精密机械和仪表、特种材料等。上海科学技术大学于1994年5月合并入新组建的上海大学。

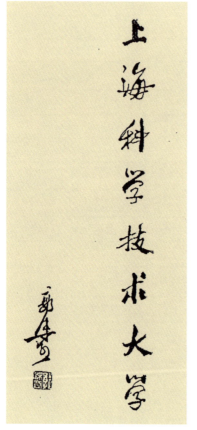

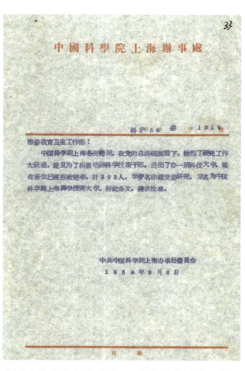

中国科学院上海分院关于"上海科学技术大学"定名的请示（1958年9月6日）

郭沫若题写校名（1959年5月）

学校公章启用的备案(1959年7月1日)

中共上海市委关于周仁校长、刘芳副书记的任命(1959年9月4日)

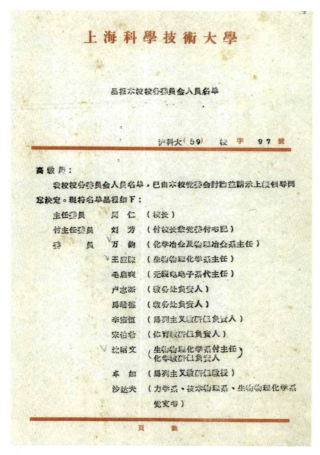

成立校务委员会的通知（1959年）

周仁校长主持开学典礼（1959年9月12日）

专业与学科设置

上海科学技术大学办校的宗旨,是要办成"高"(高级)、"精"(精密)、"尖"(尖端)专业学科的新型大学,为国家及上海地区的科研机构和新技术工业基地培养优秀高级科学研究和工程技术人才;办学要理工结合,科学与技术结合;学科专业设置要反映科学技术的发展方向和增强国防实力的时代特色。

"院校结合""所系结合"是科大所特有的办学模式,学科与专业设置一直紧密结合上海地区科技和经济发展的需要,贯彻教育部和上海市关于加快发展高等教育事业的精神。

学校各时期所设置的本科系科情况

时间	系(科)
1959—1966	工程力学系、物理系、无线电电子学系、数学系、冶金系、硅酸盐系、化学系、理化系、自动化系、生物物理化学系
1971—1976（工农兵学员）	无线电材料系(一系)、无线电元件系(二系)、无线电电子系(三系)、电子技术系(四系)、无线电机械系(五系)
1977—1983	材料科学、物理、无线电电子学、数学、精密机械工程、计算机科学、化学、生物工程
1983—1993	材料科学与工程、物理、无线电电子学、数学、精密机械工程、计算机科学、化学、生物工程、科技外语

师资队伍

建校初期,专业课和专业基础课教师由各研究所科学家兼任,基础课的教学由从国家重点大学抽调的骨干教师来承担。随着学校规模扩大和招生数增加,有毕业生分配进校或留校,另外还陆续调进一批有丰富教学经验的骨干教师。"文革"结束后,随着教育事业的发展,学校的教职工数量有了较快的增长,兄弟院校毕业生分配来校和本校毕业生留校,成为学校教职工的主要来源。1980年以后,教师的学历结构得到重视,学校在在职老师中通过多种方式培养硕士生、博士生,同时,也注意吸收取得学位的博士和硕士来加强师资队伍,并从全国各地引进具有较高学术造诣的学科带头人。

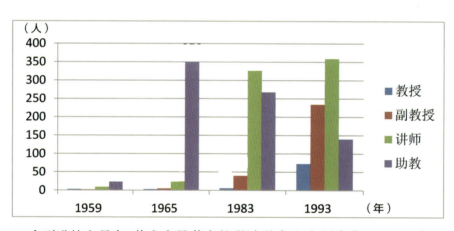

不同时期学校教职工人数及职称结构的变化

在引进的人员中,黄宏嘉是著名的微波学家和光纤专家,调入后当选中国科学院学部委员;鲍家善是著名的物理学家;陈驹声是著名的微生物专家;另有孙麟治、王德人等都在各自的学科领域有突出的贡献。

随着师资队伍实力的提升,多位教师获得国家级荣誉,如:全国"三八"红旗手、全国"五一"劳动奖章获得者、全国科技先进工作者、全国优秀教师、全国有突出贡献的留学回国人员、霍英东教育基金会高等学校教学奖等。

人才培养

在建校之初，因限于条件，学校以本科生培养为主体，并举办了五届工人班（毕业两届）。1977年10月12日，被批准为上海市有资格招收研究生的14所高校之一。

1981年11月25日，获首批博士学位授予权。至1994年共培养各类学生23 848人。

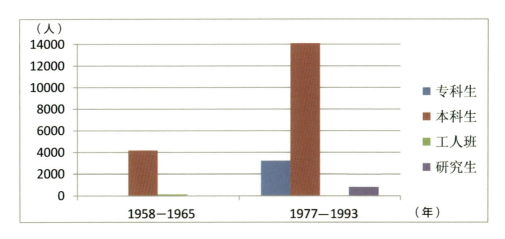

各类学生招生数量变化

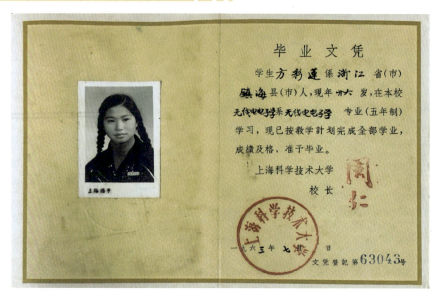

第一届毕业生毕业证书（1963年7月）

59032班同学在欧阳路校门内的合影

1960年6月28日,中共上海市委同意上海科学技术大学从生产部门选拔招收先进工人的请示,学校举办了工人班。市属各局及下属工厂党组织极为重视,当年即招收工人学生251名,其中党员占50.2%、团员占41%,全国、上海市和有关局的劳动模范占15.9%。全国劳动模范王林鹤、杨新富、谈山林、李福祥,都是工人班的首批学员。

1964年3月12日,学校隆重举行首届工人班毕业典礼。中共上海市委书记处候补书记、上海市副市长、中国科学院华东分院院长刘述周,上海市副市长宋季文、金仲华、张承宗等市领导来校参加了毕业典礼。

1964年5月15日,学校在沪东工人文化宫举办了首届工人班学生毕业设计成果展览会,参观者达2万余人。市党政领导和十多个国家的友人也参观了展览。

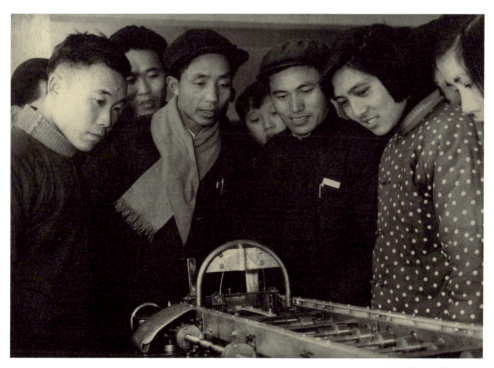

工人班学生在学习讨论

关于工人班毕业的文件（1964年12月14日）

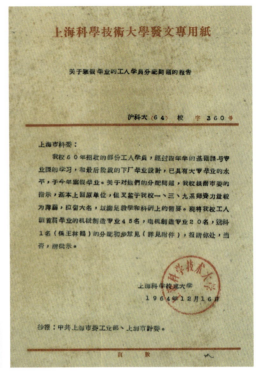
关于工人班毕业分配去向的文件（1964年12月16日）

首届工人班毕业典礼（1965年3月12日）

科学研究与技术开发

学校的办校宗旨是为国家、为上海的科学研究机构和工业技术基地培养优秀的科学研究和工程技术人才，基于此，学校历来十分重视科研工作，一直将科学研究纳入学校的总体规划之中，并取得了丰厚的研究成果。

1959—1960年，学校共有科研项目95项。1964—1966年，学校的科研力度不断增强，与各研究所和工厂企业的科研协作进一步展开。

"文革"期间，学校也进行了50余项技术革新、新产品设计研制和国家科研项目的研究和试制。

1984—1994年，学校专职与兼职科学研究人员，累计承担科学研究课题3799项，从各种渠道获得科学研究经费10996.9万元。在3 799项研究课题中，经鉴定或通过评审的成果共734项，占研究课题的19%；获奖成果445项，占鉴定成果的60%；取得国家专利11项。科学研究的开展，也有力地推动了学校的学科建设和教育质量的不断提高。

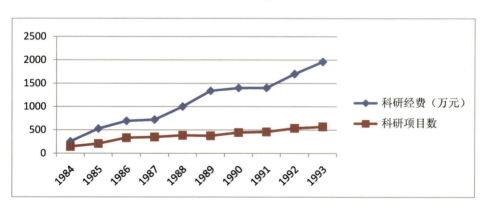

1984—1993年科研经费与项目

1985—1994年历年国家自然科学基金经费与项目

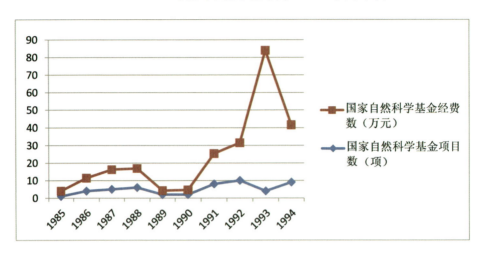

1986—1994年完成国家自然基金项目情况

项目名称	研究部门	评审时间	研究人员
全光纤陀螺的性能研究	光纤技术与现代通信所	1989年	黄肇明
精密传动动态精度的分析研究	精密机械工程系	1989年	孙麟治
精细有机合成的研究	化学系	1988年	丁维钰
非线性偏微分方程谱和拟谱解及应用	数学系	1991年	郭本瑜
微合金化钢热连轧动态热力模拟和微观组织研究	材料科学系	1993年	徐有容
多声子跃迁及场子统计分布的研究	数学系	1993年	史定华
体内外信息的双向传输方法的研究	生物医学工程所		王保华
介质谐振器稳频微波、毫米波固态源	无线电子	1990年	李 英

(续表)

项目名称	研究部门	评审时间	研究人员
非线性问题的数值解及并行算法	数学系	1990年	王德人
精细有机合成的研究	化学系	1986年	丁维钰
高能射线在植物纤维素转换技术中的应用	上海射线应用研究所	1986年	马德瑞
Cd-Hg-Te系相平衡热力学研究—组蒸压测定	材料科学系	1986年	吴汶海
血压连续非操作自动检测方法	上海生物医学工程研究所	1987年	王保华
半导体光电子化学及其应用研究	化学系	1988年	邓薰南
正常生物体组织和肿瘤的微波介电特性研究	无线电系	1991年	徐得名
膦肿叶立德的化学及基石有机合成中的应用	化学系	1991年	丁维钰
短毫米波、微波波段材料介电特性及测试剂技术研究	无线电系	1987年	徐得名
新型结构的电致发光薄膜及其机理的研究	材料科学系	1990年	许少鸿
分子构象研究	化学系	1990年	邵　俊
熔盐溶液拉曼光谱和熔盐溶液结构研究	化学系	1990年	阎立诚
分子构象的总极值理论方法及其应用	化学系	1990年	邵　俊
弯管粘性流动的分歧和对称破缺研究	数学系	1993年	杨忠华
C151S工程演绎数据库与群体决策理论与方法研究	计算机科学系	1993年	童　頮

(续表)

项目名称	研究部门	评审时间	研究人员
多声子跃迁及声子统计分布的研究	材料科学系	1993年	蒋雪茵
电子学科发展战略	光纤技术与现代通信所	1993年	黄宏嘉
凝胶包裹法Al2O3-ZrO2超细增韧陶瓷粉体	材料科学系	1991年	郭存济
固体中稀土离子和过渡金属离子多声子跃迁的研究	材料科学系	1991年	蒋雪茵
电磁理论中并矢格林函数的研究	无线电系	1991年	潘生根
线性与非线性问题的并行算法	数学系	1994年	王德人
基因转移聚合研究及其应用	化学系	1994年	沈卫平
膦叶立德石含氟烷基的多取代环化合物合成的应用研究	化学系	1994年	丁维钰 等
CnInSe2薄膜电沉积光电化学振荡研究	化学系	1994年	邓薰南
液-液固三相具面张力理论研究及在处理炼油厂废固渣中应用	物理系	1994年	阚敏
电子陶瓷晶界微观参数与宏观性关系的定量模拟研究	材料科学系	1994年	曹泽淳
非线性偏微分方程的混合谱方法和拟谱方法	数学系	1993年	郭本瑜
微波与光技术的结合	无线电系	1993年	徐得名
丰满分析和不连续函数总极值问题	数学系	1993年	张连生
智能化容错设计和可测性设计	计算机科学系	1993年	徐拾义
光波微波在非线性铁磁波导中的传播	物理系	1993年	蔡英时

重大科研成果汇总(部分)

项目名称	研究人	备注
热收缩薄膜的研制	刘文义　周积春　包文生　刘惠福	
流体力学中的差分方法	郭本瑜	1978年获全国科技大会"优秀科研成果奖"
核爆炸自动观测仪		1978年获全国科学大会"优秀科研成果奖"
红旗渠潜水泵的密封材料	周积春　刘文义	1978年获全国科学大会"优秀科研成果奖"
模式耦合理论及其在微波和光传输中的应用	黄宏嘉	1987年获国家自然科学二等奖
非线性偏微分方程谱解法和拟谱解法及其应用	郭本瑜　马和平　曹伟明	1990年获国家教委科技进步一等奖、上海市科技进步一等奖
水凝胶软接触镜合成方法	刘钰铭　杨月琪　阮逸标	1988年获国家发明二等奖、上海市科技进步二等奖
短毫米波、微波波段材料介电特性及测试新技术应用研究	徐得名　李兆年　曾逊生　刘立平　等	1989年获上海市重大发明成果二等奖,1990年获国家教委科研成果二等奖、上海市科技进步二等奖
熔锥型单模光纤灭源器件的制造技术与装置	汪道刚	1990年获国家发明二等奖
积分型总极值理论、方法和应用	郑权	1987年获国家教委科技进步二等奖、上海市重大科技成果二等奖
非线性问题的数值方法及并行算法研究	王德人　杨忠华	1988年获国家教委科技进步二等奖
耦合模与非理想波导	黄宏嘉	美国纽约理工学院微波研究所1981年12月出版的黄宏嘉教授论文选集
WSC-1微波数据传输机	胡华春　吴程里　曹芳润　薛志良　等	获得国庆30周年献礼科学技术成果奖
膦肿叶立德在合成氟有机化合物中应用的研究	丁维钰　蔡文　戴金山　浦家齐	1982年获国家自然科学三等奖

（续表）

项目名称	研究人	备注
微型计算机PLM语言及其交叉编译	章幼义　颜珍棣　蔡秀琴　沈可娣	获得国庆30周年献礼科学技术成果奖
KC频段20米口径卫星地面站天线系统	王生洪　龚振邦　吴家麟　郭锡章　等	1987年获国家科技进步一等奖
微波介质谐振器材料-A6陶瓷	胡　昂　方永汉	1985年获中国发明协会颁发的优秀发明奖、上海市科技进步二等奖，1987年获国家发明三等奖
激光国家洛氏硬度基准和激光国家表面洛氏硬度基准主测量系统	陈久康　陈明仪　孙桂清　王菊荣　等	1985年获国家科技进步二等奖

学校在全国高校《学术榜》的排名

统计年份	SCI、ISIP、ISE 统计		EI 统计	
	篇数	名次	篇数	名次
1983—1985		25	13	19
1986—1987	15	26	21	19
1988	32	27	8	46
1989	32	32	9	39
1990	39	34	4	65
1991	35	38	23	32
1992	25(SCI统计) 33(ISTP统计)	38(SCI统计) 29(ISTP统计)		

立 足 上 海

江泽民观看学校科研成果展示

刘振元（时任上海市副市长）观看学校科研成果展示

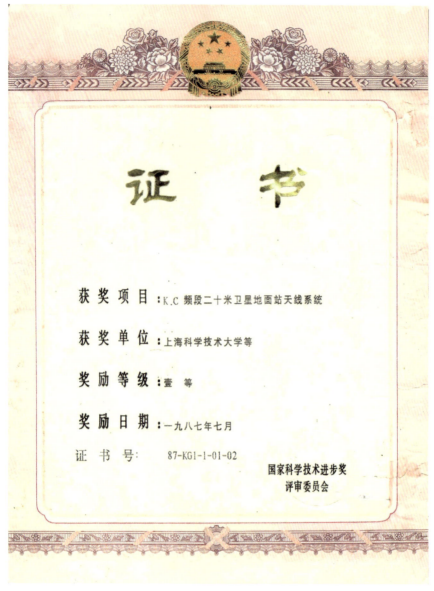

学校科研项目获国家科学技术进步一等奖(1987年7月)

立 足 上 海

黄宏嘉教授是中国电子学家、微波专家、光纤专家、中国科学院院士,长期致力于微波与光纤传输研究,在科大创建了微波科学研究实验室。1980年在中国首次成功研制单模光纤,是我国单模光纤技术的开拓者,为我国微波技术及光纤技术的应用与发展作出了重要贡献。1986年10月,美国报纸在报道当时正在美国召开的第十届国际光纤通信会议时,把黄宏嘉和其他4位科学家并誉为"光纤之父"

黄宏嘉撰写的100万字专著《微波原理》,这是国内在该领域的第一本专著

科研人员利用各种精密仪器进行科学实验

社会服务

本着科学技术必须为经济建设服务的方针,从1981年起学校有组织地开展各项科技服务活动。1981年10月,上海市举办高校科技成果展览会,上海科学技术大学有100余项成果展出。

为促进科技成果更好地转化为生产力,上海市高教局成立了上海科技服务中心,上海科大是发起单位之一。1985年2月27日,上海科学技术大学科技开发总公司正式成立。

学校设立的科技类公司一览(1987—1993年)

名称	成立	学校投资	经过情况
上海科创色谱仪器公司	1991年	80万元	
上海高创交通监控工程公司	1991年	35万元	1987—1991年,学校参与上海沪嘉、莘松高速公路建设中成立
机器人公司	1991年	40万元	1988—1993年,学校参与上海市重点攻关项目"桥架式机器人"后发展成立
上海机电一体化公司	1991年	80万元	
上海科创技术发展公司	1987年	15万元	
上海白墙电子陶瓷厂	1987年	3万元	1991年重点组建"中外合资科达电子陶瓷有限公司"
杭州华磁公司	1990年	20万元	
上海科城贸易公司	1992年	15万元	
上海科大科技开发总公司浦东分公司	1993年	15万元	为参与浦东张江开发而设立
上海科创电子物理公司	1991年	70万元	
上海科大龙牌眼镜厂	1989年	48万元	主要生产龙牌隐形眼镜

国际交流与合作

学校的涉外工作自1966年始，1979年设立外事小组，1982年设立了外事办公室。

1982年至1992年底，来自美国、加拿大、瑞士、英国、日本、苏联专家，长期在校讲学或者进行合作研究的共有26人次。进行短期讲学或工作的专家则有更多的人次，来自更多的国家。同时，学校接待了来自多个国家大师的友好来访团组，校内也陆续派出师生到各国讲学、进修或者进行合作研究。

1966年9月，学校首次接受5名越南留学生，受"文革"影响，同年10月被迫中止。1988年，学校成为国家教委批准采用英语教学、招收高层次来华博士生首批试点单位之一。自1989年至1994年5月合并止，学校分别招收来自巴基斯坦、喀麦隆、加纳、肯尼亚、利比亚、俄罗斯等10余个国家的留学生共计46名。

郭本瑜校长会见外宾

立足上海

关于分配越南大学生到有关高等学校学习的通知（1966年1月19日）

外国留学生毕业典礼

与外籍师生新年联欢

在国际学术交流方面，由黄宏嘉教授为中方主席，召开了"国际光波导科学讨论会"；由郭本瑜教授作为主席召开了第5次"边界层和内层渐近方法与计算方法"（简称BAIL-5）会议；还多次召开了中日辐射化学、中日熔盐化学双边学术讨论会、中法光纤技术讨论会。受联合国原子能机构委托举办了五期亚太地区辐射交联技术培训班；与日本鲭江市联合开办了日语培训班。学校与美国纽约理工学院、德国汉堡工业大学等多所国外高校建立了校际合作关系。

黄宏嘉在国际微波会议开幕式上代表我国作"中国微波30年"的主题报告（1982年）

1987年1月17日，日本鲭江市日中友好协会会长山本治，捐资1 000万日元，用于学校举办日语培训班、汉语培训班及建造"友谊园"宾馆（后定名为"谊园"），专为接待国外来校授课讲学的教师专家及留学生。

谊园（油画）

基础设施

1959年5月19日,中共上海市委批复同意将欧阳路221号原光华大学作为学校的临时校址,同时确定正式校址放在规划中的科学卫星城嘉定。1960年秋,学校从欧阳路临时校址全部迁至嘉定。

嘉定新址首先建造了五层平面教室教学楼一幢,后来经过在原四层阶梯教室加层、建造外语楼和第二教学楼,至1984年,教学面积达14 002平方米。

欧阳路临时校址(1959年)

师生在嘉定新校址劳动(1960年)

位于嘉定城中路20号的校址（1978年）

图书馆最初迁至嘉定校址的一处教学用房，至1966年图书馆建成，后情报资料室并入图书馆，并扩建了书库，至1984年馆舍面积增至5 400平方米，1987年建立计算机房，步入以计算机为读者服务的阶段。1994年，随着香港著名爱国实业家、全国政协常委唐翔千先生捐款加上市政府配套投资建设的"联合图书馆"竣工，馆舍面积增至12 451平方米，图书馆总藏书量达795 395册，国际交换刊物100多种，初步形成了一个造型美观、设备先进、布局合理、功能齐全的现代化图书馆。1960年学校迁至嘉定新校，体育设施从无到有，从少到多，不断完善，拥有田径场、体操房、各类球场、游泳池等，为广大师生员工创造了比较优越的体育锻炼场所。

联合图书馆

无线电楼

　　1985年春，上海科学技术大学校标落成。校标由师生捐款建造，主体部分是由不锈钢铸造，校标的构成元素为卫星、火箭和原子能，取义于科大创办之初为国家培养高、精、尖人才所设置的有关专业。校标正面，是郭沫若先生题写的"上海科技大学"校名；校标背面，则是上海科学技术大学的英文名。校标建成后，学校为此发行了纪念封，从此，科大校标也成为学校的标志。

校标

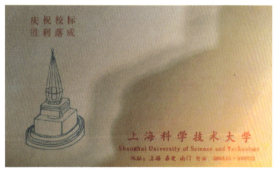

校标落成纪念封

学校特色：院校结合　所系结合

在"院校结合""所系结合"的办学模式下，学校强调"三基"（即学生基础知识要扎实一点、基本知识面要宽一点、基本技能要强一点）、"三严"（即提倡严肃的态度、严格的要求、严谨的学风），这也成为学校的办学特色。这个模式是全新的创举再加上严格的教学管理，使得学校在成立不久就取得了骄人的育人成果。

由于实行"院办校""所办系"的办学模式，学校的系科设置较新，反映了时代对科技人才培养的要求。除了有关研究所的所长担任系主任外，学校还聘请大量的科学家先后来学校兼任教授，直接给学生讲专业基础课和专业课。科研院所的专家们在学校悉心教学，带领学生进行科学研究。这些科学家代表了当时学术领域的国家水平，这使学校的教学和科研从一开始就有较高的起点。

建校之初，虽然未招收研究生，但是学校十分重视在校学生中可以培养为研究生的预选工作。学校各系和中国科学院上海分院各研究所来校授课的科学家，在平时就注意发现苗子，对学习拔尖的学生加以重点培养。

1959—1964年中国科学院研究人员兼任教职员名单

姓名	中国科学院职务	上海科学技术大学兼任职务	备注
周 仁	上海分院副院长	校长	
谢希德	技术物理所创始人	技术物理系主任	
万 钧	冶金所党委书记兼副所长	化学冶金与物理冶金系主任	
严东生	硅酸盐化学与工学所副所长	硅酸盐化学与工学系主任	1980年当选为中国科学院院士、1994年当选为中国工程院院士
汪 猷	有机化学所副所长	元素有机化学系主任	1955年当选为中国科学院首批院士
王应睐	生物化学所所长	生物物理化学系主任	1955年当选为中国科学院首批院士
李 珩	中科院上海天文台台长	计算数学系主任	1940年留学加拿大,同行者有钱伟长、郭永怀等人
沈昭文	生物化学所资深研究员	生物物理化学系副主任	1980年当选为中国科学院院士
邹元曦	冶金所资深研究员	化学冶金与物理冶金系副主任	
黄耀曾	有机化学所资深研究员	元素有机化学系副主任	

王生洪(后排右4)、汪勤悫、陈慧宝(后排右1)等老师指导审查学生毕业课题(1975年)

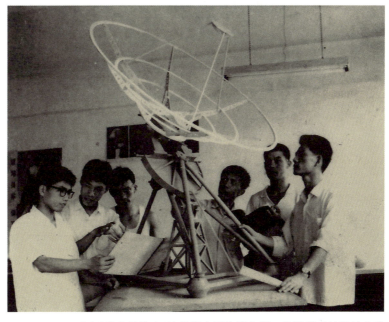

7251班(无线电结构专业)的学生围绕射电望远镜模型研讨设计方案

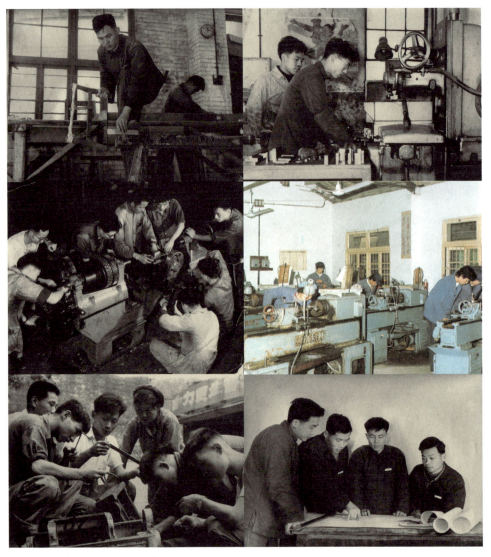

学生在学习中实践，在实践中学习

校长周仁

科学家周仁（1892—1973），字子竞，江苏南京人。上海科学技术大学首任校长，中国现代钢铁冶金学家和陶瓷学的开创者之一，中国科学院学部委员。

1892年8月5日生于江苏江宁，1910年毕业于江南高等学校，同年考取清华大学留美公费生，赴美国康奈尔大学机械系求学，1915年获硕士学位，系主任劝说他留美攻读博士学位，预言日后可成为著名学者，周仁不为高薪和名位打动，毅然回国。

新中国成立后，周仁历任中国科学院工学实验馆馆长、冶金陶瓷研究所所长、冶金研究所所长、硅酸盐化学与工学研究所所长、中国科学院华东分院副院长。1955年，当选为中国科学院学部委员，还先后当选为第一届、第二届、第三届全国人大代表、中国金属学会理事长、上海硅酸盐学会理事长等。为发展国内钢铁工业，满足国民经济建设的需要，周仁领导的研究团队率先研发并推广应用"球墨铸铁"高强度铸铁材料。

1973年12月3日，周仁病逝于上海。1986年8月10日，中国科学院上海冶金研究所在院内为周仁竖立了铜像。

周仁先生个人像

周仁先生结婚照，由宋美龄担任傧相

周仁先生家庭合影

在南京参加"国立中央研究院成立二十周年纪念暨第一次院士会议"的部分院士合影(第三排左四为周仁先生)(1948年9月23日)

周仁校长和学校干部教师讨论工作

坐落于中科院上海冶金研究所的周仁先生铜像

历任校党政主要负责人

职务	姓名	任职时间
党委书记	刘 芳	1965.7—1973
	马林正	1973.7—1977.10
	张远达	1977.10—1984.2
	沈 诒	1984.2—1986.9
	吴程里	1988.9—1992.6
党核心小组组长	徐冠彬	1971.5—1973.5
校长	周 仁	1959.9—1973.12
	杨士法	1978.7—1984.3
	严东生(名誉校长)	1984.3—1994.5
	金柱青	1984.3—1987.3
	黄宏嘉(名誉校长)	1987.3—1994.5
	郭本瑜	1987.3—1994.5

上海大学（1983—1994）

1978年4月召开的全国教育工作会议拉开了我国高等教育大发展和改革的序幕，全国统一高考制度得以恢复，高等教育规模迅速扩大。1983年，全国高教系统对分校进行整顿，当年5月经教育部同意，上海市政府教卫办决定将复旦大学分校、华东师范大学仪表电子分校、上海科技大学分校、上海机械学院轻工分院、上海外国语学院分院和上海市美术学校等6所学校①合并为上海大学。学校实行校、院两级领导体制，包含文、法、工、商、美等多个学科，是一所上海市属的多学科综合性大学。当时命名为上海大学，含有继承20年代大革命时期曾经培育了大批革命志士与优秀人才的上海大学革命传统的深切意义。作为高校改革试验区，原上海大学推行走读、收费、学分制、不发助学金而发奖学金和困难补助费、不搞公费医疗而搞医疗补助等7项改革措施。原上海大学于1994年5月合并入新组建的上海大学。

上海市人民政府批转市政府教卫办关于筹建上海大学若干问题的请示的通知

---

① 1993年4月，隶属于上海市司法局的上海法律高等专科学校加盟原上大，原上大就成了7所学校联合办学，2002年这所学校又从原上大撤出，另行成立了上海政法学院。

沪府教卫83第114号

上海市人民政府教育卫生办公室（报告）

关于筹建上海大学若干问题的请示报告

市人民政府：

据教育部83政计字079号通知，国务院已批准本市建立上海大学。目前上海大学的筹建工作正在积极进行。现就有关上海大学的组织形式和领导体制等问题请示如下：

一、关于上海大学的性质、任务及其组建形式

上海大学是一所地方综合性大学，是在原五所大学分校调整、整顿的基础上联合组建而成。目前规模暂定为五千人，今后发展为八千人。主要任务是为本市经济建设和社会发展培养文、工、商、管理、外语以及工艺美术等专门人才。上海大学设五个学院和一个高等教育科学研究所：

1. 文学院。原系复旦大学分校。设中文、秘书、法律、……政治、图书馆学与档案学、统计、历史、考古与博物馆学……等专业。主要培养政治与行政干部，应用文科等专业人才。规模暂定一千二百人。

2. 工学院。由原上海科技大学分校与华东师范大学仪表电子分校合并。设机械、仪表、无线电技术、半导体器件、电信技术、计算机应用、电气等专业。主要为手工、邮电、仪表等部门培养专业人才。规模暂定一千五百人。

3. 工商管理学院。由原上海机械学院轻工分院改建。设商业经济、财务会计、物资管理、企业管理、测试技术、机、电等专业。主要为财贸系统培养人才。教育部已确定该院接受世界银行短期大学贷款。规模暂定一千五百人。

4. 外语学院。原系上海外国语学院分院。设英语、日语等专业。主要为本市外贸等系统培养应用外语人才。规模暂定六百人。

5. 美术学院。在上海市美术学校基础上筹建。以培养工艺美术人才为主，同时也培养少量绘画、雕塑等方面的创作人才。美术学院除招收大学生和研究生外，另设中专部，一部分成绩优秀的中专毕业生可直接进入美术学院继续深造。规模暂定二百人。

6. 高等教育科学研究所。在原市高教局高等教育研究室基础上筹建。编制暂定三十人。

二、关于上海大学进行高等教育改革的方案

根据教育部通知精神，结合本市实际情况，上海大学将作以下教育改革试验：

从今年招收的新生开始实行：学生一律走读。设日夜二部。每学期须缴纳少量学杂费。文科二十元，工科二十五元

—2—

上海市教卫办关于筹建上海大学若干问题的请示报告

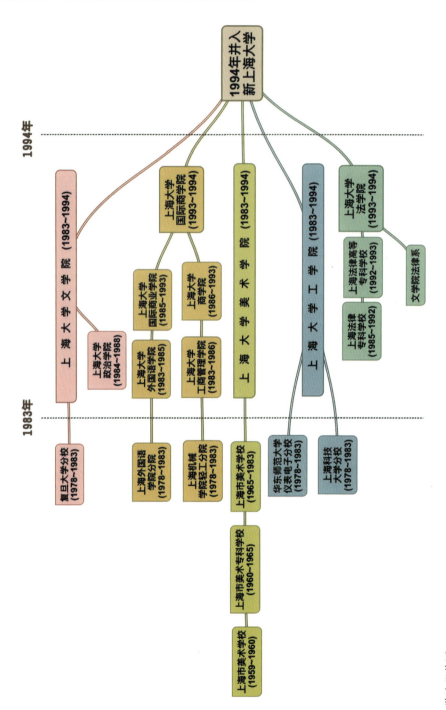

学院沿革图

立足上海

原上海大学校标,由美术学院副院长任意设计。校标椭圆形,在边缘一圈和里面一圈间,上面写中文"上海大学",下面写英文"SHANGHAI UNIVERSITY",里圈内绘一棵枯树,上面长了六枝新叶,由于20世纪20年代曾有过上海大学,故表示上海大学是枯木逢春,六枝新叶代表六个学院。

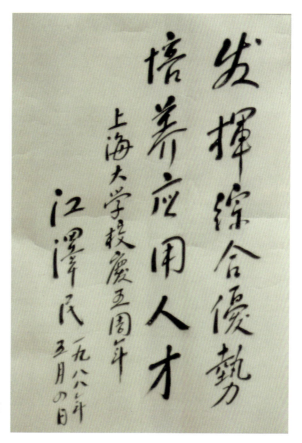

江泽民为学校校庆五周年题词
(1988年5月4日)

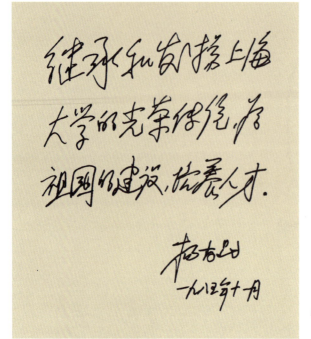

杨尚昆为学校校庆二周年题词（1985年11月）

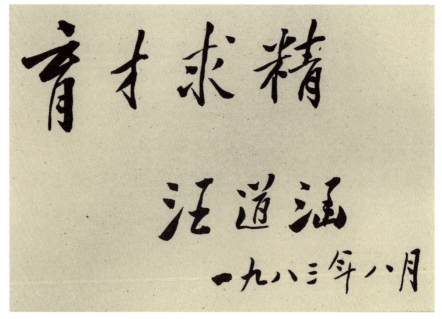

汪道涵为学校题词（1983年8月）

 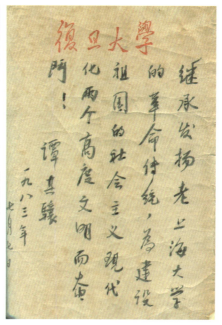

俞平伯题词　　　　　谭其骧题词（1983年7月7日）

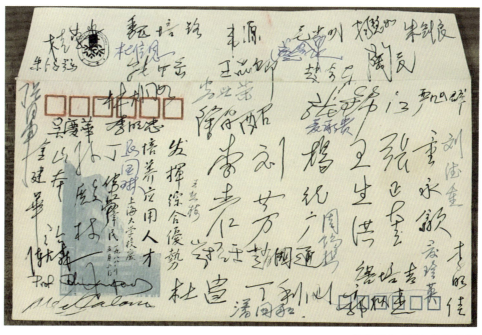

学校成立十周年签字信封

专业与学科设置

建校之初,全校设16个专业。学制分为四年制本科和二、三年制专科两种。学校把培养复合型应用人才作为办学方针,根据社会多方面需要确定专业的设置。例如率先在外语学院设置经贸专业,将外语和经济专业相复合,毕业生受到了用人单位的欢迎。

1986年起,学校的专业又进行一次重大的调整,按照统一办学、发挥综合优势的原则,根据社会需要和全校合理布局,积极创办需要的新专业,拓宽原有的专业内涵,撤销过时的或全市布点过多的专业。1989年,共设23个本科专业和11个专科专业。1990年后,依据形势发展需要,学校又对全校各专业进行一次充实调整。到1993年9月,共设5个学院、25个系、28个本科专业和5个专科专业。

其中,文学院顺应社会需要,始终坚持应用文科发展方向。国际商学院、商学院、国际商业学院主要为上海地区培养国际贸易、现代商务、专业外语、信息和管理技术人才。美术学院在社会上较有声誉。法学院为司法系统的人才培养设置了特色的专业和课程。

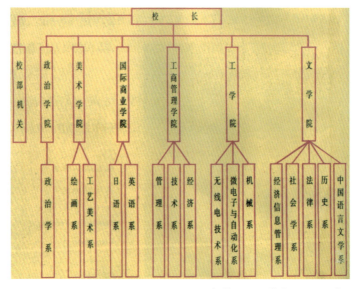

机构设置—构架图(1985年)

院系专业设置一览表(1993年9月)

学院	系	专业名称
文学院	中文系	汉语言文学、广告学
	历史系	历史学
	社会学系	社会学
	法律系	法学、经济法
	政治系	行政管理
	文献信息系	信息学
	档案系	档案学
	秘书系	秘书学(专科)
	外语系	
工学院	计算机系	计算机及应用
	通信与信息工程系	通信工程
	应用电子与控制工程系	应用电子技术
	工程技术系	包装工程、工业外贸、安全工程(专科)
	机械电子工程系	机械电子工程
	基础部	
国际商学院	国际经济系	国际贸易、国际金融
	贸易经济系	贸易经济、旅游管理
	计算机中心	经济信息管理
	会计系	会计学
	管理与技术系	管理工程、工商行政管理(专科)
	英语系	英语
	日语系	日语(专科)
	食品系	食品检验与保鲜(专科)
	基础部	
美术学院	国画系	中国画
	油画系	油画
	雕塑系	雕塑
	工艺美术系	环境艺术设计专业、装潢艺术设计
	基础部	
法学院	劳教法系	劳教法
	法律系	法学
	经济法系	经济法

师资队伍

学校成立之初,800多名教师中具有高级职称者不到2%。学校采取多种措施增强师资力量,不仅吸收优秀大学毕业生留校任教,还从本市及外地陆续调请一批具有教学经验或有高级职称的学科带头人和水平较高的教师来校任教。并在原有的中青年教师队伍中,培养出一批教学科研的骨干和学科带头人。

学校教师的总体素质有了较大提高,专任教师中的职称结构、学历结构、年龄结构有了较大改善。至1993年底,共有专任教师1 020人,有教授31人、副教授197人、讲师583人,教师中研究生毕业的从1988年占9.25%至1993年达到14.9%。

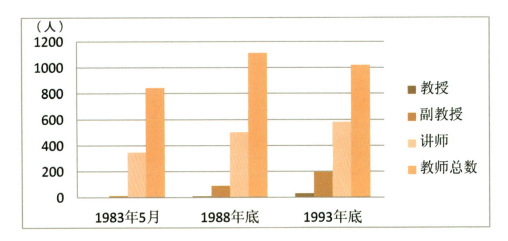

教职工人数及职称的变化

文学院院长王熙梅教授在进行国家社科八五规划重点项目研究

文学院法律系教师在讲课

工学院院长陈大森副教授在指导学生开展创造性研究

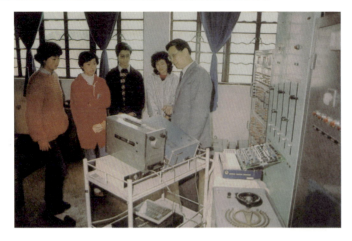

工学院院长马国琳教授与师生一起开展科研

商学院教师在计算机中心进行科学研究

工学院教师在实验室进行高吸水材料研究

人才培养

20世纪80年代初,上海的产业结构从"二三一"向"三二一"的转变初露端倪,即第三产业在国民经济总产值中的比重逐渐加大,为适应这样的转变,学校在系科、专业设置方面刻意对接第三产业的发展需求,大大增加了应用性人文社会科学类专业。在增加的人文社科类专业中,除了属国内率先恢复的社会学以外,还有属上海高校中最早设置的秘书学、档案学、法律学、经济法、广告学、行政管理、影视编导等专业,并先行一步在外语学院设置经贸类专业、在美术学院建立设计类专业。

1983年,建校当年秋季即招收新生1066名,连同原各分校已有的学生,在校生总数达到5000人左右。从1983年到1993年,全校为国家培养15973名本专科毕业生。

学校强调对应用性强、现实性强的课题进行研究,CAD研究室朱洪颚教授在进行电视机国产化重点课题研究

副校长李明忠和美术学院副院长任意在美院艺术成果展厅

工学院教师在指导学生毕业设计

工学院学生在实习工厂

工商管理学院学生参加论文答辩

工商管理学院学生在计算机房操作

美术学院学生在进行人体写生

美术学院师生在交流创作经验

工商管理学院学生在自己开办的书店里实习

学校举行运动会

学校开展中外青年联欢活动

工学院篮球队队员在训练

文学院学生自编自演的舞蹈

国际商业学院学生在上网球课

国际商业学院学生排演英语话剧

图书馆一角

立足上海

学校十分重视对学生进行现代技术教育

学生在语音室进行听力训练

科学研究与技术开发

学校的科学研究较有特色,既认真进行基础研究,同时又与社会服务相结合。

文学院承担了国家社会科学基金攻关项目5项、上海市社会科学攻关项/8项,承担市高教局下达的科研任务161项,出版专著100余部,公开发行和内部使用教材70部,在二级以上刊物发表论文1 200余篇,共获国家和省市科研成果奖20余项。

工学院自建院之初就确立了"坚持方向、立足改革、优化结构、办出特色"的办学指导思想,承担了230项科技研究项目,其中有国家部级2项,省市级11项,高教局批准立项32项,通过鉴定30余项,获准专利5项,转化为生产力47项。1993年科研经费达194.49万元。公开出版著作39部,在国外刊物发表论文6篇,在国内二级以上刊物发表论文170篇,在校内刊物发表论文289篇,自编自用教材30部。

美术学院建院以来共获国家奖42项、省市奖74项,在国内外举办大型展览13次。有23件创作被国家和省市有关单位收藏。出版专著28部,在二级以上刊物发表论文113篇。

法学院在1993年5月前获国家奖论文1篇、论著2部,获省市奖论文8篇,出版论著5本,获部级奖论文3篇、论著1本;获局级奖论著1本、论文6篇。共发表论文311篇、出版译文18篇、论著60部,编写教材6部。

在国内外较有影响的作品（部分）

作品名称	作者	单位	所获奖项/收藏
现阶段中国社会结构研究		文学院	"七五"规划重点课题
《列宁全集》第二版第五十三卷（家书）	张 坚（译）	美术学院	1989年中共中央宣传部、中共中央编译局著作奖
《少女》（雕塑）	杨剑平	美术学院	上海艺术最高奖"优秀成果奖"
《陈毅市长纪念像》（雕塑）	章永浩	美术学院	1990年上海市陈毅像设计一等奖
《飞虹》（雕塑）	张海平	美术学院	1991年虹桥国际机场雕塑方案一等奖
《不染》（国画）	陈家泠	美术学院	1987年第七届全国美展银质奖
《大森林》（油画）	李天祥	美术学院	全国美展获一等奖
《周恩来总理塑像》	章永浩	美术学院	中国美术馆收藏
《教师》（大理石塑像）	唐锐鹤	美术学院	1985年教师节竖立于静安绿地
壁画十幅	郭 力 等	美术学院	1992年人民大会堂收藏
《门楼》（版画）	王劼音	美术学院	1990年法国国家博物馆收藏
薄壁箱型井塔结构强度与稳定性的试验研究	沈季敏 等	工学院	1990年被国家科委确认为国家重大科技成果

美术学院章永浩作品《陈毅市长纪念像》(雕塑),竖立于南京东路外滩,获1990年上海市陈毅像设计一等奖

立 足 上 海

美术学院张海平作品《飞虹》(雕塑),获1991年虹桥国际机场雕塑方案一等奖,现竖立于虹桥国际机场

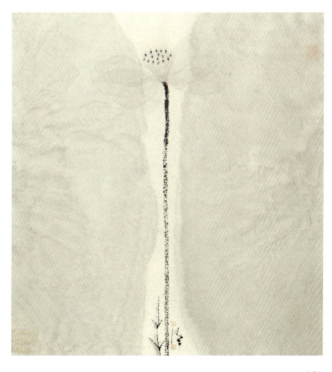

美术学院陈家泠作品《不染》(国画),获1987年第七届全国美展银质奖

美术学院唐锐鹤作品《教师》（大理石塑像），自1985年教师节竖立于静安绿地至今

文学院前身是复旦大学分校，于1981年创办的《社会》杂志是全国中文核心期刊，是"文革"后国内最早公开发行的社会学专业期刊，在国内外社会学界有较大影响

国际交流与合作

学校积极开展国际学术交流活动,先后与美国、日本、法国、德国、丹麦以及我国香港地区的十几所高校建立协作关系,在中外合作办学方面作了尝试。聘请了许多知名学者和专家来校讲学和学术访问,有的还担任学校的兼职教授、客座教授和顾问教授。学校先后有数十位教师到国外参加学术会议和讲学、访问,并在一些领域建立合作研究项目,取得成果。

曹仲贤副校长、美术学院任意副院长在日本大阪参加姐妹大学大阪艺术大学与上海大学合办的日中交流作品展

杜信恩副校长、美术学院李天祥院长和柏林艺术高等学校校长乌罗明出席上海大学美术学院—柏林艺术高等学校校际交流签字仪式

国际商业学院院长卢关泉与美国旧金山市市长法因斯坦（女，左二）在友好城市合作项目国际高级经理班毕业招待会上

林炯如副校长在美国纽约市立大学发表演讲

商学院院长蒋嘉俊接见外籍专家

立 足 上 海

党委副书记盛善珠
接见澳大利亚专家

美国华裔作家李惠英来
校演讲

美国夏威夷劳尔学院校长
来校访问

英籍教师讲学

文学院聘请外籍专家讲学

工商管理学院聘请外籍
专家讲学

立 足 上 海

国际商业学院的外籍教师与学院教师交流教学经验

美术学院曾接受新加坡留学生来学习中国画。文学院和国际商业学院连续多年举办短期汉语学习班,学员来自美、法、日、韩等国家,人数在数百人次

基础设施

建校初期，全校占地面积仅有65.2亩，校舍建筑面积41267.5平方米，土地面积和校舍面积都大大低于国家教委规定的走读学校的定额标准。

在上海中共市委和市政府的大力支持下，办学条件逐渐得到改善。至1994年并校前，学校各学院（不包括法学院）占地面积293.53亩，比建校初期增加4.5倍。校舍建筑面积达115157平方米，比建校初期增加2.78倍，基本上满足学校科研和教学的需要。

学校部分基础设施指标增长情况

指标 时期	占地面积 （亩）	校舍建筑面积 （平方米）	实验室面积 （平方米）	教学仪器设备 （万元）	图书馆面积 （平方米）	图书馆藏书 （万册）
建校初期	65.2	41267.5	3577.1	976.6	2717	56.6
合并前	293.53	115157	10836	3329.1	17411.08	117

校门

立 足 上 海

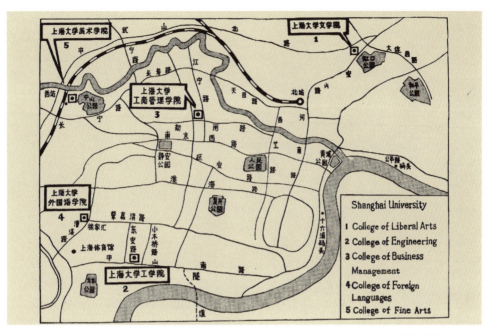

各学院原址示意图

工商管理学院，位于新闸路1220号

外国语学院，位于蒲西路150号

工学院，位于中山南二路600号

立 足 上 海

文学院,位于西江湾路547号

美术学院,位于凯旋路30号

学校特色：教改前沿　勇于尝试

上海市政府在筹建原上海大学批文中指出："上海大学要在教育改革的试验中，不断总结经验，提高教育质量。"所谓"教育改革试验"具体是指试行学生管理七项改革：收费、走读、实行学分制、不设助学金、不实行公费医疗、国家不包分配、实行择优录用，可谓"创办上海大学是改革高等教育的一个重要尝试"。

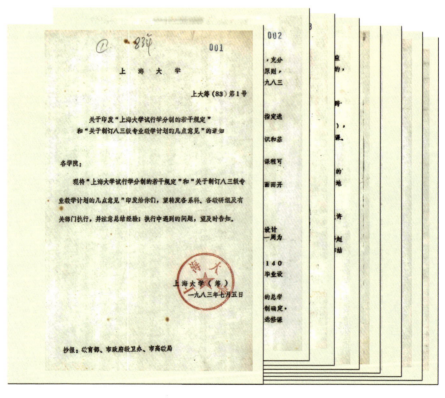

关于印发"上海大学试行学分制的若干规定"和"关于制定订八三级专业教学计划的几点意见"的通知

立足上海

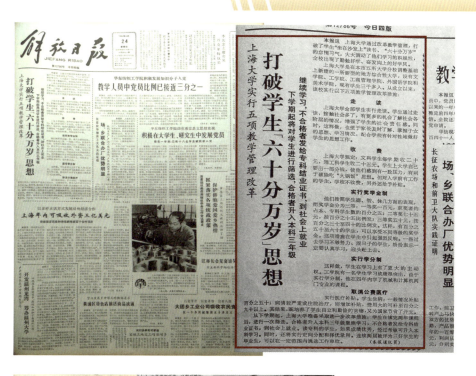

经过一段时间的实践，学校逐渐建立了一套比较完善的新的学生管理体制。1984年6月24日，《解放日报》在头版刊登了《上海大学实行五项教学管理改革，打破学生"六十分万岁"思想》的报道。《文汇报》也在6月24日头版发表了记者采访稿，称"上海大学改革学生管理体制，打破人才培养上的'大锅饭'，试行医疗费补贴，缴少量学费、不包分配等制度开始取得成效，学生奋发向上，努力学习"。同日《人民日报》转载了这条消息，中央人民广播电台和上海人民广播电台在新闻和报纸摘要节目中也进行了报道

历任校党政主要负责人

职务名称	领导姓名	任职时间
党委书记	孟宪勤	1984.4—1993.10
校长	王生洪（兼）	1987.5—1993.1
	杨德广	1993.1—1994.5

上海科技高等专科学校（1959—1994）

为了满足对科技人才的需要，1959年2月，上海市委教卫部、上海市科委、中国科学院上海分院以及上海计算技术研究所共同筹建，将复旦中学高中部改为"上海计算技术学校"。1959年10月，因扩大专业改名为"上海第二科学技术学校"（简称科技二校），直接受中科院上海分院领导。1960年2月，学校从复旦中学校址迁往嘉定东门。1978年10月，上海第二科学技术学校从上海市仪表电讯工业局"七二一"工人大学中划出，归上海科学技术大学领导，改名为"上海科技大学分部"。1981年12月，学校更名为上海科技专科学校后，教育改革的思路是："以教学为主，以专科教育为主，以提高教学质量为主，办出学校特色。"上海科技高等专科学校于1994年5月合并入新组建的上海大学。

教学大楼外景

校园池塘景色

专业与学科设置

1981年12月,学校更名为上海科技专科学校后,学校加强了实践性教学环节,规定一年级新生进行认识实习,安装收音机;二年级学生进行生产实习,安装电视机;体现"实践性、应用性人才培养"的办学特色。1985年3月,又修订了教学计划,专门针对高级工程技术应用人才和实验技术人才的培养。

历年专业设置

时　　间	专　　业
1959—1969	计算技术、电子学、精密机械、技术物理
1972—1976	电视、医电、无线电整机
1978—1993	计算机技术软件、计算机技术硬件、设计计算机软件、硬件、电子测量仪器与测量技术、电视与电声、机械工程、电子工程

师资队伍

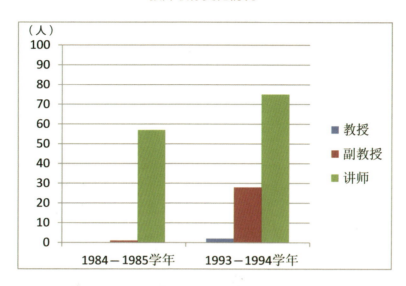

首届教职工·第十届工会代表大会

计算机技术系系主任吴震蒙高级工程师在操作计算机

电子技术系系主任张苹迦副教授(中)在主持系务会议

电子技术系王文骐副教授在指导青年教师

立足上海

技术物理系系主任薛鸣鹤副教授（右）和系领导一起商谈工作

技术物理系刘尚仁副教授在讲课

技术物理系洪垣副教授在实验室工作

技术物理系李丹之副教授在从事科研工作

机械技术系系主任刘兴东副教授在指导青年教师

图书馆馆长戴鸿梁副教授

学校表彰从事教育工作30年以上的教师

人才培养

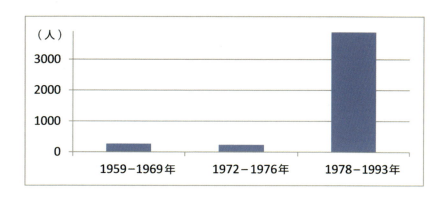

各时期毕业生人数

计算机技术系学生在进行毕业设计答辩

计算机技术系娄玉琴副教授在指导学生实习

电子技术系陈瑞琮高级工程师在指导学生

机械技术系黄曰熹高级工程师在指导学生毕业作业

立足上海

美国荷华大学谭默教授在学校兼职教授、著名声学专家李宝善先生（中）陪同下来校讲学

著名电影导演谢飞、电影演员周里京于大学生电影节期间在学校与学生座谈

学生在暑期进行社会考察

学生参加军训

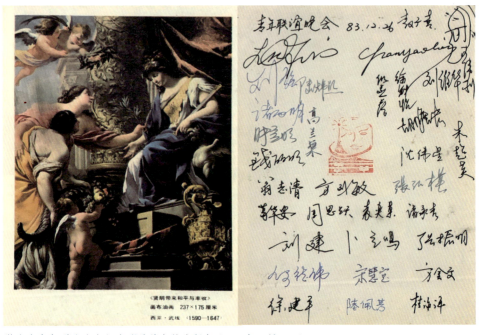

学生在青年联谊晚会纪念明信片上签名留念（1983年12月26日）

科学研究与技术开发

学校的工作重点主要在教学上，1986年开始正式成立科研科并调拨科研经费。

1986—1993年科研经费增长情况（万元）

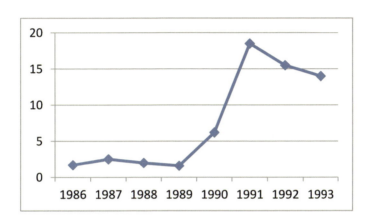

电子技术系被评为市高教系统科技服务先进集体

上海科技高等专科学校—上海深沪工贸公司成立大会举行

各合作单位祝贺礼物

校办工厂部分产品

基础设施

学校占地117.38亩，房屋建筑面积39000平方米，学校教学设施齐全，有3200平方米的图书馆，藏书有20万册，中外期刊1000多种，并设有田径、足球、篮球、排球等体育运动场地。

校门

校园景色

图书馆外景

图书馆

立 足 上 海

技术物理系器件研究室

机械技术系机械实验室

学校特色：实践应用　贴近民生

实验教学改革

1980年9月，学校将电子基础实验从理论课中独立出来，单独设课，实验室不再按理论课名称设立，而是按开设课程的要求建立，编写自成体系适合实验教学的教材。与此同时，学校又实行开放实验室，将实验室设备仪器向师生开放，全校师生可凭证借用实验室工具或资料说明书，使用仪器做实验预习、实验考试复习、课外电子制作、电子产品维修等。

1982年起，学校举办"电子实验技术竞赛"，每年一次，学生都可参加，共举办四届，学生制作的"声控彩灯""电感电容测试仪""调频无线话筒""立体声频收音机"等在校际实验评估展览会上展出，获得了好评。

学生在校办工厂进行生产实习

"三明治"教学模式

1988年,经市高教局批准学校试办了"三明治"教学班,也叫"3+1"本科班,学制四年,学生毕业后,享受本科待遇。实行阶段式教学计划,学生在校学习与下厂实习相间进行,理论教学与实践教学学时之比为1:1,以适应培养工艺型高级技术人才。

关于实行"三明治"教学规定

"2+1"宝石工艺班

1990年学校与上海钻石研究资讯中心签订了培养钻石工艺技术人员的协议书。在上海科技专科学校机电计量与工艺专业中开设钻石加工工艺专业,学制三年,其中有一年时间进行生产实习,学生毕业后,发大专毕业证书。钱伟长在合并时对此专业表现出兴趣。

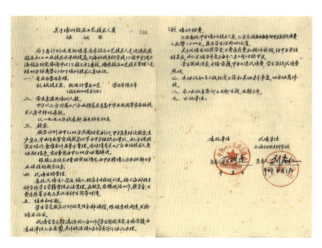

关于培训钻石工艺技术人员的协议书(1990年4月13日)

关于举办非学历专业"钻石加工工艺"培训班的请示(1991年9月2日)

历任校党政主要负责人

历任书记

任职时间	校名	组织机构	书记
1959.10	上海第二科技学校	党支部	容振华
1961.11	上海第二科技学校	党支部	杨文林
1963.3	上海第二科技学校	党支部	杨文林
1971.6	上海电子专科学校	党委	庄起良
1979.4	上海科学技术大学分部	党总支	倪美祥
1983.5	上海科技专科学校	党委	倪美祥
1984.6	上海科技专科学校	党委	倪美祥
1988.6	上海科技专科学校	党委	唐祥庆
1991.7	上海科技专科学校	党委	汪国铎
1993.3	上海科技专科学校	党委	沈学超

历任校长

任职时间	学校名称	校长
1959.10	上海第二科技学校	胡介峰
1960.6	上海第二科技学校	胡介峰
1964.3	上海第二科技学校	胡介峰
1971.6	上海电子专科学校	杨文林(组长)
1975.8	七二一工人大学	庄启良(主任)
1977.12	七二一工人大学	桂荣安(组长)
1979.4	上海科技大学分部	桂荣安
1983.5	上海科技专科学校	桂荣安
1984.6	上海科技专科学校	钱孝衡
1987.7	上海科技专科学校	潘道才
1993.4	上海科技专科学校	汪国铎

附：上海大学沿革图

上海大学沿革图

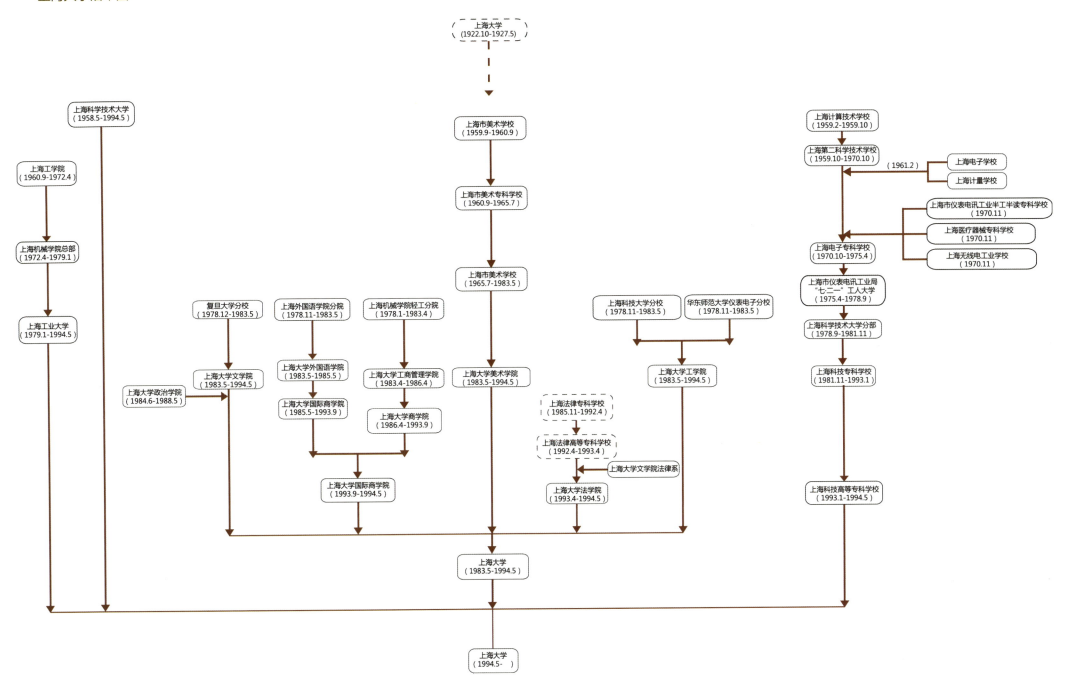

后 记

编撰本书的想法由来已久，一是学校的历史纷繁复杂，变化多端。1994年5月27日成立的上海大学是由上海工业大学（成立于1960年）、上海科学技术大学（成立于1958年）、上海大学（成立于1983年）、上海科技高等专科学校（成立于1959年）四所学校合并组建而成，并于1996年被列为国家"211工程"重点建设高校、2017年被列为国家"双一流"学科建设高校。而在20世纪20年代也曾有一所上海大学，从1922年10月到1927年5月，存在的时间虽然只有四年半，但它是中国国民党人和中国共产党人合作创办的一所大学，也是中国共产党参与创办的第一所高等学校，培养了一大批革命志士，在中国近代史和中国高等教育史上留下了不可磨灭的一页。另一所成立于1983年的上海大学则是在当时的五所大学分校和上海市美术学校基础上成立的，下设5个学院和1个高等教育研究所，后来又不断分合调整。如此复杂的学校变化导致了目前还没有完整客观的校史梳理。这也折射了中国近现代高等学校的状况，就是聚散离合特别频繁、存亡续绝变化多端（刘海峰《中国高校校史确定的原则与标准》）。二是作为高校档案工作者，近几年我们在做好档案收集、保管、提供服务利用等工作的基础上积极开展档案文化传播工作，有了一定的积累。我们结合每年的"国际档案日"宣传活动和校庆主题举办了诸多原创的展览，先后有："馆藏钱伟长档案图片精粹"（2012年6月）、"日新其德 止于至善——于右任与二十世纪二十年代的上海大学图片展"（2013年6月）、"光影中的上大微生活图片展"（2014年5月）、"铭刻——上海老报业中的上海大学展览"（2015年5月）、"泮池美意——上大'八十一景'创意手绘展"（2016年5月）、"'走在上大路上——上大人镜头中的校园'摄影图片展"（2017年5月）、"师承泮池：《泮池倾听——上海大学口述实录》首发暨教授人物档案图片实物展"（2017年5月）、"'科大记忆撷影'图片展"（2018年5月）、"风展红旗如画——档案里的新上大党建会议和党代会"（2018年6月）。2016年，档案馆还主动围绕校庆和上海美术学院成立，运用新媒体"上大兰台"微信平台发布"图说上大"系列微信……

编撰本书也是一项自我加压的辛苦工作，因为这是一项额外的活。我们整理梳理学校档案史料、发布征集启事、主动联络捐赠人、走访采访当事人，多次去中国第二历史档案馆、上海市档案馆查阅复制档案资料，尽可能还原学校发展变化的本来面目。如此的过程已整整两年，我们对新上大成立前档案资料的把握越来越有信心，渴望能全面、客观、准确地把这段历史呈现给学校的师生、校友和广大读者。今年正值新上海大学组建25周年，这本书也是我们献给学校生日的礼物！

本书由徐国明同志设计全书框架结构，洪佳惠和纪慧梅同志负责文字撰写和图片的收集、整理、编排，吴静、周红光、王伟、郑维、彭青莲、张艳荣、钱庆、林欣等同志协助查找相关档案资料，徐国明、洪佳惠同志对对全书进行了统稿。感谢曾文彪老师亲力亲为的耐心指导以及章华明、欧七斤、汤涛、胡申生、陈志宏、吴耀新等校内外专家学者和吴永辉校友、刘忆庆先生的指教帮助。由于时间仓促，书中出现的不足之处恳请读者批评指正。

编撰者
2019年5月8日